助力乡村振兴基层干部培训系列图书

发挥本地优势 发展乡村特色产业

FAHUI BENDI YOUSHI FAZHAN XIANGCUN TESE CHANYE

华龄出版社
HUALING PRESS

图书在版编目(CIP)数据

发挥本地优势发展乡村特色产业 / 李锦顺主编. -- 北京 : 华龄出版社, 2021.12
助力乡村振兴基层干部培训系列图书
ISBN 978-7-5169-2134-0

Ⅰ. ①发… Ⅱ. ①李… Ⅲ. ①乡村一农业产业一特色产业一产业发展一干部培训一教材 Ⅳ. ①F303

中国版本图书馆 CIP 数据核字(2021)第 263787 号

策　　划	社区部　善爱社工	**责任印制**	李未圻
责任编辑	魏鸿鸣　李芳悦	**装帧设计**	唐韵设计

书　　名	发挥本地优势发展乡村特色产业	**作　　者**	李锦顺
出　　版 发　　行	华龄出版社 HUALING PRESS		
社　　址	北京市东城区安定门外大街甲 57 号	**邮　　编**	100011
发　　行	(010)58122255	**传　　真**	(010)84049572
承　　印	三河市腾飞印务有限公司		
版　　次	2022 年 3 月第 1 版	**印　　次**	2022 年 3 月第 1 次印刷
规　　格	710mm×1000mm	**开　　本**	1/16
印　　张	11	**字　　数**	122 千字
书　　号	ISBN 978-7-5169-2134-0		
定　　价	38.00 元		

本书编委会

顾　问：谢青梅

主　编：李锦顺

副主编：刘晓雯　张蕴颖

编　委：刘惠苑　王　傅　邓莉平　黄俊添

张运红　夏　珑　邵　岑　赖新成

李　松　张永乐　周　超　李晓莹

为社会基层治理服务，打造社区所需的精品图书
——华龄出版社“社区书系”倾情奉献

“社区书系”是为适应新时代基层社会治理需要，深入贯彻党的十九届四中全会、五中全会关于“构建基层社会治理新格局”“社会治理特别是基层治理水平明显提高”的重要部署，落实习近平总书记关于“建立一支素质优良的专业化社区工作者队伍”的指示要求而策划编写的，旨在为社区工作人员提供系统的社区工作理论和方法指导，提高社区工作者的理论素养和工作能力，推进社区治理体系与治理能力现代化。

“社区书系”是一个融图书、视频、服务为一体的新型复合出版工程，内容体系包括三个方面：

纸质图书 通过纸质图书阅读，为社区工作者提供系统的理论和方法指导。

线上课程 通过视频课程、网络直播课程，深化重点知识，解读难点知识。

专家服务 通过线下培训、现场诊断等，解决社区工作中存在的问题症结。

华龄出版社是中国老龄协会主管主办的中央部委出版社，为出版“社区书系”专门成立了“社区部”，全面统筹谋划出版。“社区书系”计划出版图书 200 种，覆盖社区工作各个方面，现面向全国诚邀熟悉社区工作的专家、学者加盟“社区书系”出版计划，一起为中国社区的发展繁荣出一份力！

社区视频培训讲座

前言

乡村兴则国家兴，乡村衰则国家衰。全面建成小康社会和全面建设社会主义现代化强国，最艰巨最繁重的任务在农村，最广泛最深厚的基础在农村，最大的潜力和后劲也在农村。实施乡村振兴战略，是以习近平同志为核心的党中央着眼于党和国家事业全局，深刻把握现代化建设规律和城乡关系变化特征，顺应亿万农民对美好生活的期待做出的重大决策部署，是决胜全面建设小康社会、全面建设社会主义现代化国家的重大历史任务，是做好新时代“三农”工作的总抓手，也是解决新时代我国社会主要矛盾、实现“两个一百年”奋斗目标和中华民族伟大复兴的中国梦的必然要求，具有重大现实意义和深远历史意义。

近年来，中共中央、国务院连续发布中央一号文件，提出一系列乡村振兴战略的原则，对新发展阶段优先发展农业农村、全面推进乡村振兴作出总体部署，为做好当前和今后一个时期“三农”工作指明了方向。同时，我们也应当清醒地看到，乡村振兴是一项长期而艰巨的战略任务，不可能在短期内完成。近年来，我国的“三农”工作取得了明显的成效，但是也存在着很多困难和问题，距离实现农业农村现代化尚有一定的差距，如各地“三农”发展规划设计缺乏系统性、科学性、可操作性和可持续性，导致力量分散、步调不一、行动盲目、落实难、效果差。尤其是农村基层工作人员，对于如何实施乡村振兴战略并不是十分明晰，不知道从何着手，缺乏科学的工作思路和有效的工作方法，导致某些地方的“三农”工作缺乏成效，乡村治理成效并不显著。

为了响应党的乡村振兴战略，推动乡村振兴战略的实施，解决当前“三农”工作存在的难题，根据党的乡村振兴战略的路线、方针、政策，参照党和国家关于乡村振兴战略的原则，我们进行了深入的市场调研和周密的选题策划，由著名社会科学专家李锦顺博士担任主编，并组织了一批长期活跃在乡村振兴工作一线的专家、学者、优秀工作人员担任编委，编写了“助力乡村振兴基层干部培训系列图书”。“助力乡村振兴基层干部培训系列图书”一共有10册，分别是《乡村旅游的开发与运营》《发挥本地优势发展乡村特色产业》《美丽乡村建设100例》《乡村治理体系的健全与发展》《农村合作社运营与发展》《休闲农业的开发与运营》《电子商务助力乡村振兴》《乡村生态宜居环境建设》《提高农民收入的新思路新途径》《农业产业化经营与农业技术推广工作创新》。

“助力乡村振兴基层干部培训系列图书”在全面总结提炼全国“三农”发展实践和经验的基础上，深入探究乡村振兴规律，系统提出乡村振兴路径，认真推荐乡村振兴典型，提出了新时代乡村振兴的思路、举措、方法、案例，以全局视角解读乡村振兴战略，以实地案例审视乡村未来发展。在大量的调查研究基础之上，围绕着中国乡村振兴诸问题，分别从乡村旅游、农村电子商务、乡村特色产业、美丽乡村建设、农村合作社、农业产业化经营与农业技术推广、农民增收、休闲农业、乡村治理、乡村生态宜居环境等10个方面，对如何实施乡村振兴战略提出了一系列切实可行的工作指导方法和针对性意见，以期从事乡村治理的政务工作人员和广大基层工作者以这套书作为借鉴，从中得到工作启示和方法指导，更好地指导工作实践，为实施乡村振兴战略、实现农业农村现代化做出更大的贡献。

“助力乡村振兴基层干部培训系列图书”有以下几个特点：

1.**专家团队编写,内容权威专业**

本书由著名社会科学专家李锦顺博士担任主编,由一批长期从事“三农”问题研究和“三农”工作的专家、学者、优秀“三农”工作者参与编写,从选题策划到内容编写,期间反复讨论、调研,并广泛听取了社科院教授、政府干部、农村基层工作人员的意见进行修改完善,因此,图书内容的专业性、权威性是毋庸置疑的。

2.**图书视角独特,观点清晰鲜明**

本书始终遵循“以助力实施乡村振兴战略为抓手,提供切实可行的思路和方法,解决实际问题”的选题和编写思路,精准选择乡村旅游、农村电子商务、乡村特色产业、美丽乡村建设、农村合作社等十个方面作为破解当前“三农”工作瓶颈的突破口,一本书就是一部解决三农问题的专著,就是一种工作思路和方向,针对性强,观点鲜明。

3.**深入实证调研,极具参考价值**

作者多年来一直坚持深入农村进行实地调研考察,编写时参考了诸多在乡村进行实地调研得来的案例及一手资料,从而能够从实际情况出发,针对“三农”工作中的诸多问题作出鞭辟入里的分析、论述,提出可行性很强的方法建议。可以说,本系列图书丰富了学界关于乡村振兴战略的理论成果,同时对政策制定部门来说也有着很高的参考价值。

4.**语言深入浅出,内容紧接地气**

编写人员充分考虑到乡村振兴的这十个领域学科实践性强的特点,力求理论阐述准确、案例分析清楚,并充分考虑到各个行业快速发展变化的现状,将学界最新的研究成果、数据、资料、案例穿插于理论之中,以提高内容的时效性;在结构编排上,注重结构的层次性和逻辑性,尽力做到脉络清晰、条理分明;在文字表述上,坚持深入浅出和通俗易懂的原则，语言力求精练、准确，使其符合绝大多数读者的认知能力。

5.既有理论指引，更有方法指导

本书将国家战略和地方实践、学术成果有机结合，高屋建瓴地提出了很多富有见地和独创性的理论，给广大农村基层工作者提供了思想理论指导，同时又针对相关问题，结合典型案例提出了一系列切实可行的操作方法，为实施乡村振兴战略提供了可借鉴、可参考、可推广的样本示范，值得广大读者细读、精读、深读。

总之，本系列图书视角独特，观点鲜明，切中肯綮，发人深省，不仅丰富了乡村振兴战略理论，同时对乡村振兴的政策制定和具体实施也有很高的参考价值。它是一套学习“三农”知识的优秀图书，也是一套有助于提高乡村干部工作能力的权威教材，更是一套新时代学习、贯彻、实施乡村振兴战略的优秀参考读物。

这套书在策划、编写过程中，得到了众多涉农专业的教授、专家、学者和政府干部、农村基层工作人员的宝贵指导，使本书内容更趋专业、科学、严谨，在此对他们表示衷心的感谢！由于时间仓促，编者能力水平有限，书中难免存在不当之处，还请广大读者和行业人士不吝赐教，共同探究和提高。

编　者

目录

第一章　乡村建设的本地优势和特色产业概述

近年来，我国对于乡村建设越来越重视，对于乡村建设出台了许多政策文件。乡村建设中很重要的一环是产业建设。自 2004 年以来，中共中央连续发布一号文件，对发展特色农业产业提出了要求。本书主要针对的是乡村特色产业的建设与发展，其前提是发挥本地优势。本章节将对本地优势和乡村特色产业两者进行分别介绍，二者之间存在的关系也将进行阐述。

第一节　本地优势的含义与类型

农村是一个大市场，选择具有本地特色、符合本地优势和发展方向的乡村产业进行发展是符合主流的。首先我们要认识什么是本地优势，本地优势有哪些。本地优势可分为农村发展优势和产业发展优势，下面将对这两类发展优势进行述说。

一、农村发展优势

改革开放以来，农村得到了很大的发展。农村发展的主要成就包括解决了全国人民的温饱问题，农民的收入明显提高，实现了从传统农业到现代农业的转变，建立了新的农村管理体制。目前，农村发展呈现出很大的优势。

(一)政策优势

近年来，国家非常重视农村发展，为其提供许多政策的支持，农村发展借助政策优势可以得到更大的进步。

乡村振兴战略是党的十九大报告中作出的重大战略决策，并庄严地写入了党章，为新时代农村改革发展指明了方向、明确了重点。乡村振兴战略的内容包括乡村产业振兴、乡村人才振兴、乡村文化振兴、乡村生态振兴、乡村组织振兴。实施乡村振兴战略要按照产业兴旺、生态宜居、乡风文明、治理有效、生活富裕的总要求，建立健全城乡融合发展机制和政策体系，加快推进农业农村现代化。

在党的十九大报告中对乡村振兴战略提出要“坚持农业农村优先发展”。党和国家一直以来都十分重视“三农”工作，“三农”即农业、农村和农民，认为“三农”问题是关系国计民生的根本性问题，必须始终把解决好“三农”问题作为全党工作的重中之重。中国要强，农业必须强；中国要美，农村必须美；中国要富，农民必须富。

中共中央总书记习近平强调消除贫困、改善民生、逐步实现共同富裕，是社会主义的本质要求，也是中国共产党的重要使命。2020 年我国全面实现小康社会，虽然消除了绝对贫困，但相对贫困将长期存在，农村的发展有利于缩小贫富差距。2035 年在全面建成小康社会的基础上，基本实现社会主义现代化。要实现这一目标，离不开农村发展，因此在政策层面也会不断促进农村发展。由此可见，我国对乡村方面的政策是十分支持的，这为乡村的发展创造了极为有利的政策条件。

(二)农村地方优势

农村与城市存在许多差异，虽然在生活条件、教育、交通等方面农村比不上城市，但是农村也是有其地方优势，主要体现如下：

一是人情味浓。费孝通在《乡土中国》中对乡村进行了细致深刻的描述和分析，其中提到中国乡土社会的基本结构是一种“差序格局”，是一个“一根根私人联系所构成的网络”，实际就是在讲中国的人情社会。中国文化背景中除了血缘认同外，另外一个最重要的认同就是地缘认同。所谓“老乡见老乡，两眼泪汪汪”正是地缘认同的亲情外溢。农村社区就是一个很重要的地缘认同。农村里借助地缘认同及人情味浓这一特点，干起事业会更容易团结一心。同时也提醒我们不能忽略关键个人，比如在村中有威望的人和一家之主，他们的话语更有号召力和影响力。

二是乡村的礼治特点。这个乍一看似乎与农村地方优势不搭边，但经过仔细分析后你会发现在挖掘农村地方优势的时候，若能利用好维持自身礼俗的力量即内在的良心，对于我们发展乡村特色产业将会事半功倍。乡土社会中的礼通过教化约束村民使他们产生敬畏之情，修身克己。在遇到一些特殊问题的时候，可以利用他们的这一点处理问题。同时，我们可以通过教育培训提高村民素质以助力产业发展。

三是政策优势明显。自实施乡村振兴战略以来，国家相关部门连续出台政策。从内容上来看，这些政策大体上可以概括为“供、配、帮、扶、送、融、疏”七个方面，构成了乡村振兴政策体系。供，主要指的是资金、物资方面供给；配，主要指的是乡村基层干部队伍配备；帮，主要指的是国家和地方政府对重点地区乡村的重点帮助；扶，主要指的是社会各界对乡村尤其是落后地区的对口扶持；送，主要是指国家和社会对乡村的人才、技术输送；融，主要指的是实现城乡融合发展；疏，主要指的是深化农村改革，消除制约城乡要素自由流动和平等交换的制度性障碍。上述政策配置，意在从土地、资金、人才、物资、城乡关系、制度优化等方面为乡村振兴提供制度性保障，为乡村特色产业的发展奠定了坚实的制度基础。

四是具有自然资源。农村的自然资源有清新的空气、干净的水源和绿色食品等。在实施乡村振兴战略过程中，可将这些自然资源转化为产业发展优势，以产业振兴、生态振兴为引领，大力发展乡村特色产业，从而推动乡村全面振兴。

二、产业发展优势

在产业发展的进程中，我们借助优势助力发展可以获得事半功倍的效果。产业发展优势主要体现在文化优势、市场优势、经济优势和资源优势四个方面。

（一）文化优势

乡村振兴，乡风文明是保障。文化是一个国家、一个民族的灵魂。文化兴则国运兴，文化强则民族强。我国是农业大国，有着悠久的农耕历史和灿烂的农耕文化，它们是乡村社会不可或缺的组成部分，体现着乡村振兴的软实力。优秀乡村文化能够提升农民精神风貌，增强农民凝聚力，形成良好社会风尚。

文化优势的发挥要深入挖掘农耕文化蕴含的优秀思想观念、人文精神、道德规范等，发挥其在凝聚人心、教化群众、淳化民风中的重要作用，不断提高乡村社会的治理水平，构建和谐有序的乡村社会；要把保护传承和开发利用有机结合起来，让优秀农耕文明在新时代重新焕发生机活力。要坚持物质文明和精神文明一起抓，采取符合农村农民特点的方式，广泛开展以社会主义核心价值观为引领的农村思想道德建设，不断提高乡村社会文明程度，让乡村焕发文明新气象。要健全乡村公共文化服务体系，深入实施文化惠民工程，采取各种行之有效的方法广泛开展农村各种文化基础设施的建设，为丰富农村文化活动提供必要的条件。

龙泉市在发挥文化优势方面值得借鉴。龙泉市位于浙江省西南部浙闽赣边境，素有“处州十县好龙泉”之誉，是著名的青瓷之都、宝剑之邦、世界香菇栽培发源地、中华灵芝第一乡、中国生态第一市和国家森林城市。龙泉市文化灿烂，历史悠久。龙泉青瓷、龙泉宝剑文化传承千年，世界闻名。唐宋以来，龙泉英才俊贤辈出，南宋龙泉诗人叶绍翁的诗句

“春色满园关不住，一枝红杏出墙来”传为千古绝唱。

龙泉市十分注重文化建设，大力挖掘地方人文资源，提炼具有龙泉特色的青瓷文化、宝剑文化、香菇文化、龙舟文化、畲族文化、红色文化、龙灯文化等传统民间艺术和民俗文化，以“一乡一品”为载体，如火如荼开展送文化、种文化、展文化、管文化等文化活动。同时注重遗产的守护，进行文化传承，也注重文艺作品的创作，重视文化人才队伍建设，促进文化的交流，不断凸显区域文化的鲜明特色和人文气质。龙泉市的文化旅游产业也因此得到了很大的发展。

除了文化软件层面的发展，龙泉市也很注重文化设施的投入力度。近年来，龙泉市全面推进乡镇街道、村庄公共文化设施建设。如新落成的文化馆、图书馆、大剧院、青少年活动中心均达到国家一级馆舍建设标准和功能要求。其下属乡镇街道也纷纷建立了文化活动场所、综合文化站。龙泉市利用自身文化优势，注重软硬结合，其文化优势得到不断增强和发展。

因为龙泉市充满了文化底蕴，可以以文化人，依托龙泉青瓷延续传承地、红军入浙第一仗发生地等独特文化资源，大力弘扬践行“剑瓷工匠精神”“浙西南革命精神”，提升乡村治理内在驱动力。在旅游集散中心设立文明实践站，成立“红色传承”“乡贤惠民”等6支志愿服务队伍，通过“三社联动”打通文明建设的“最后一公里”。

龙泉市围绕“三美融合”目标，分别是共护美丽环境，即把村域作为一个景区来打造；共创美丽产业，即发展非遗文化特色乡村旅游产业等；大力共享美好生活，即通过深化村庄整治，打造特色乡村民宿和农家乐，大力发展乡村旅游等，使农民生活充满幸福感。龙泉市通过文化优势发展了当地的产业，这对具有文化底蕴的一些地方是值得借鉴的。

（二）市场优势

产业兴旺是乡村振兴的重点。我国是人口大国，也是世界上最大的农产品消费国，城乡居民收入不断增长，对教育、旅游、健康、文化等服务业方面的需求不断增加，给乡村振兴提供了广阔的市场空间。需求带来了乡村产业的发展，也需要更多人才回到农村进行创业，发展农村产业。越来越多的农民工、大中专毕业生和退伍军人返乡从事农村电子商务、乡村旅游、健康养生、农业创意等产业，农村市场得到不断拓展。这对于农村产业的发展是有利的，他们的返乡创业会对当地的经济产生一定的影响，既催生出新的消费市场，同时又创造出新的需求市场。

在需求的基础上，不断刺激消费。随着人类物质文明程度的不断提高，地球的生态环境遭到破坏，尤其是农产品生产过程中化肥农药等现代农业技术的广泛使用，虽然大幅度提高了农产品的产量，但对产品和环境的污染也日益引起了人们的警惕。由于人们环保意识的增强，更加追求食用绿色食品。农村与绿色之间是存在某种天然联系的，比如“绿水青山”正是形容的农村景象，绿色产品的营销使得农村产品更有市场。

以郏县红牛为例，郏县红牛是河南省郏县独有的特色地域物种，也是郏县传统养殖业的支柱产业。郏县红牛的优势条件主要如下：品质较为优良独特，容易饲养，营养价值高；农业基础较为扎实，丰富的种植作物资源为郏县红牛的养殖提供了坚实的物质基础；养殖经验较为丰富，早在西汉的《礼记》中就有记载，历史悠久；社会认可程度较高，郏县红牛先后获得了国家专业机构和社会的广泛认可。这些优势加起来又使得郏县红牛具有良好的市场优势。在国内市场中，郏县红牛一直以高档牛肉销售为主，主要销售辐射范围是北上广等一线城市以及南方较为发达地区，2008 年北京奥运会组委会还曾专门购买郏县红牛肉，供中国运动员食用。在海外市场的扩展中，郏县红牛也有不俗的表现，1983 年郏县红牛开始走出国门，出口科威特等中东国家。除此之外，郏县红牛肉还远销日本、韩国、新加坡等十几个国家和地区。

（三）经济优势

农村产业发展在经济方面的优势主要体现在以下三点：一是财政投入持续增长。建立健全实施乡村振兴战略财政投入保障制度，公共财政更大力度向“三农”倾斜，确保财政投入与乡村振兴目标任务相适应。比如农村合作社等，会有一定资金扶持。财政资金倾斜为农村经济发展提供了保障。二是资金筹集渠道拓宽。比如通过改革调整完善土地出让收入使用范围，进一步提高农业农村投入比例；改进耕地占补平衡管理办法，将所得收益通过支出预算全部用于巩固脱贫攻坚成果和支持实施乡村振兴战略等。三是金融服务水平得到提高。坚持农村金融改革发展的正确方向，健全适合农业农村特点的农村金融体系，推动农村金融机构回归本源，把更多金融资源配置到农村经济社会发展的重点领域和薄弱环节，为产业发展提供信贷等金融产品，更好满足乡村振兴多样化金融需求。

集体经济在发展乡村特色产业中能起到一定作用。例如，赤峰市五家镇有强大的集体经济基础，整合了各村土地，由“村委会＋公司”进行管理；联合高校相关领域的专家学者，具备雄厚的智力及技术支撑。根据产业规划，形成有特色有竞争力的农业产业，并发挥集体整合力量和公司市场化运作的优势，延伸产业链条，丰富产业内涵，实现三大产业融合发展。如蔬菜成熟后由集体组织或公司统一收购，进行分级整合管理；同时及时注册商标，专人管理，加强品牌化运营，将可追溯系统尽早实施。

（四）资源优势

农村具有许多自然资源和闲置资源，比如环境、土地、劳动力等，而这些资源加以利用便可以成为资源优势，促进农村发展。这里主要列举土地资源、人力资源和环境资源三个方面展开论述。

1. 土地资源

随着城市化的不断推进，农村里的年轻人大多数流向了城市，而农村则是会有许多闲置的资产资源。比如一些常年在外居住的村民会将土地使用权转让给本村村民耕种或者进行投资建设等。例如上海享莱乐康养社区就利用了农村土地资源这一优势，同时也充分利用乡村环境、人文与政策，极大提升乡村闲置资产价值。

享莱乐康养社区的打造主要受众为长三角退休老年人，但又是面向全年龄段的。老年人在社区中旅居或长住，子女和孙辈来看望老年人，便促进了农产品的销售或是乡村旅游度假产业的发展，从而达到这一社区打造的观光、餐饮、居住目的。通过三大产业联动，分别通过游客体验农业基地和订单农业种植从而提升村民收入、通过农产品加工和特色品牌的打造提升农田收益、通过康养产业和文化旅游产业提升生活品质。我们可以发现，享莱乐康养社区本来只是在发展乡村康养产业，但在发展中又带动了其他产业的发展，依托乡村特色优势资源，进行不断创新，将乡村产业串珠成线、连块成带、集群成链。

我们回到最初的问题上，该社区是如何被打造的呢？村民根据实际情况提供闲置土地、房屋经营权给村委会或村级合作社，并进行闲置资产经营权签约，村委会或村级合作社又以经营权入股、物业出租等方式委托运营企业进行运营，合作年限为30年。通过闲置资产经营权的签约入股使得村民受益，得到空房出租的租金、上岗劳作的薪金、平台分红的股金，该举措取得了良好的社会效益。重要的是，产业的植入创造了大量的就业岗位，吸引劳动力回流，更好地推动乡村振兴。

2.人力资源

农村人力资源是最具活性的因素，在产业兴旺中起着重要的作用。农村有许多的农闲时节，而这时农村劳动力都空闲在家里，利用空闲劳动力进行乡村建设可以解决许多人力资源短缺的问题。而且能够拉动农民收入上涨，可谓一举两得。农村地区的劳动力成本也相对低廉，可以节省人力成本。一些工厂喜欢设置在农村地区，这里的租金比城市低，用工成本也相对较低。

农村人力资源开发，要培养一批既懂城市又懂乡村、特别是懂城市市场的专业人才，依靠这样一批能够融通城乡的专业人才，不断开发、扩大各类市场，做到市场需求和产品供应的无缝隙对接。其中农民工是重要的参与力量，我们要重视返乡创业的农民工，通过形式多样的技能培训和专业教育，提升农民工的科学文化水平和技能水平，使农民工成为既懂乡村又懂城市，能够搭建、运用电子商务等新平台，融通城乡、促进农业农村发展、推动乡村振兴的重要力量。

3.环境资源

农村地区普遍环境清新优美，在发展乡村旅游方面具有很大优势。比如资源依托型乡村田园观光休闲旅游即以优美的乡村田园风光吸引游客，还有休闲农、牧、渔、林场都是在乡村自然环境的依托下，以当地特色大农业资源为基础，向城市居民提供安全健康的农产品和满足都市人群对品质乡村生活方式的参与体验式消费需求，集生态农业 、乡村旅游、养生度假、休闲体验、科普教育等功能为一体，实现经济价值、社会价值和生态价值的现代农业创新经营体制和新型农业旅游产业综合体。

以四川省广元市为例。该地农业自然资源较为富集，是特色农业资源大市，资源环境承载力相对较强。该地立足地理、气候、日照、水文等自然优势资源和传统优势产业资源，规划红心猕猴桃、核桃、道地中药材、油橄榄、富硒富锌茶叶、剑门关土鸡、生态牛羊肉 7 大优势种养业全产业链，发展乡村旅游和休闲农业，持续优化提升产业结构、布局结构和品质结构，将资源优势转变为经济优势。

第二节　本地优势的价值与作用

本地优势在乡村建设中是非常重要的，发挥好本地优势可以促进乡村建设，助力乡村振兴。本地优势既然说是优势，就必定有其存在的价值与作用。下面将结合乡村本地特点阐述本地优势的价值与作用。

一、本地优势的价值

乡村价值体现为生产价值、生态价值、生活价值、社会价值、文化价值和教化价值。这些价值都是乡村的优势。举例来说，农民在乡村进行种植，就是在生产出农产品，这是生产价值的体现；乡村中的生态环境好，生活在那里的人更加长寿，这是生态价值的体现；乡村提供了一个场域给农民们进行日常生活，这是生活价值的体现；乡村里的人们之间需要进行社会交往，这是社会价值的体现；乡村中底蕴深厚，历史悠久，会有属于自己的文化，人们进行传承，这是文化价值的体现；乡村中的独特风貌可以促进教育事业的发展，学校可以带领学生来进行实践教学，体会一辈辈人生活，这是教化价值的体现。乡村优势的价值很多，比如经济价值，促进乡村经济的增长；文化价值，促进乡村文化古迹、风俗民俗等文化的传承；环境价值，促进人居环境绿色清净等。不管是以前还是现在或是未来，没有乡村，就谈不上农业产业的兴旺。如今城乡一体化不断发展，我们需要注意保留村庄原始风貌，慎砍树、不填湖、少拆房，尽可能在原有村庄形态上改善居民生活条件。

二、本地优势的作用

在经济上，可以利用本地优势发展产业，从而促进经济增长；在文化上，可以利用本地优势使得人们更加关注文化，促进文化产业的发展，有利于文化的传承与创新；在环境上，可以提高人们保护环境的意识，促进产业的可持续发展，在自然环境与经济发展之间寻求平衡。

(一)促进经济发展

利用好本地优势可以进行产品的开发，促进产业的形成，进而推动本地经济的发展。如走在前列的全国美丽乡村样板村滕头村，敏锐地把握住了当地的环境优势，走在了大部分乡村前面，走出了一条值得借鉴的特色发展道路。该村利用田园美景进行大规模改土造田，土地规模经营、集约经营，严格注重村内的环保。在1998年就建立了全国第一个卖门票的村级景点，发展生态旅游和观光农业，让城里人掏钱来看美丽乡村。2010年，滕头村成为唯一入选上海世博会的乡村实践案例“乡村，让城市更向往”，同时联手溪口，被授予国家5A旅游景区的荣誉。滕头村不仅走在了全国乡村振兴的前列，而且在世界也是享有荣誉的。早在1993年，滕头村就荣膺联合国颁布的“全球生态500佳”村庄，2007年滕头村获得“世界十佳和谐乡村”荣誉称号。

（二）传承与创新文化

现在很多地方都在提“一村一品”“一镇一品”理念，如果没有乡村传统文化的给养，这种开发就会落空，就会进入虚假的“人造”，失去发展的活力与后劲。乡土传统文化是一个本地优势，通过这个本地优势有助于促进人们对于文化的关注，从而促进文化的传承与创新。

中国的传统文化是乡土性的文化，它产生并服务于农耕社会。乡村优秀文化可以概括为以下四个层面：物态文化层面，包括乡村山水风貌、聚落、建筑、民间民俗工艺品等；行为文化层面，包括生活习惯、传统文艺表演、传统节日等；制度文化层面，包括农村生产生活组织方式、社会规范、乡约村规等；精神文化（即观念文化）层面，包括孝文化、宗族家族文化、宗教文化等。

作为本地优势的文化可促进乡土文化进行传承与创新，还可促进当地产业的形成与发展。如浙江绍兴市红江村的龙舟竞渡、开渔、丰收、祭祀等，就是利用传统节日进行文化活动的生动例子。又比如文化产品的开发等。乡村文化旅游的兴起，在一定程度上带动当地第三产业的发展。四川绵竹的农民画、成都三圣乡乡村旅游的“五朵金花”、古镇黄龙溪的舞火龙表演等都推动了当地的传统文化发展，赢得了社会效益和经济效益。

（三）推动绿色可持续发展

近年来的生态环境与美丽乡村建设不断推进，使得绿色发展理念已逐步植入人心。农村地区可利用优美的自然环境、清爽的田园风光、多样的地容地貌、洁净的水气土壤等生态资源，大力发展生态产业，如观光旅游农业、休闲采摘等。在发展生态产业的同时，也要注重对生态产品的开发，比如绿色和有机农产品以及具有生态服务和康养保健功能的相关产业等，推进生态产品的价值转化，在不断满足人民群众对丰富物质与美好精神生活向往与追求的同时，促进农村生态产业兴旺与经济的可持续发展。

依托乡村自然风光和良好生态环境以及作物生长季节，开发利用自然资源与传统农耕文化，发展美丽经济，加快生态元素与农业旅游、乡村旅游、休闲康养等产业的融合发展，通过三大产业联合发展，将乡村的生态资源优势充分地展示和发掘出来，以物化的形式形成农业产品和农业产业，再利用市场机制，促使价值链条不断延伸，最终打造出一个具有乡村特色的“生态产业链”与“生态价值链”融合发展、高效运行的全产业链经济系统，促进生态与经济发展的平衡。当取得良好的经济效益后，又可反向推动绿色可持续发展。

第三节　乡村特色产业的内涵与本质

乡村特色产业是什么？为什么要发展乡村特色产业？下面将对这两个问题进行解答，了解乡村特色产业的内涵与本质，可以加深我们对于发展乡村特色产业的理解，明确乡村特色产业发展的方向。

一、乡村特色产业的内涵

要发展乡村特色产业，我们首先要知道什么是乡村特色产业，而要弄清什么是乡村特色产业，我们又有必要弄清产业是什么。下面会对产业到乡村特色产业进行逐一分解。

(一)产业的内涵与划分

唐代诗人李颀在《欲之新乡答崔颢綦毋潜》道："数年作吏家屡空，谁道黑头成老翁。男儿在世无产业，行子出门如转蓬。"在古代，产业一般是指家产，如田地、房屋、作坊等。《史记·苏秦列传》中写道："周人之俗，治产业、力工商，逐什二以为务。"故产业也指生产事业。

如今在中国，产业划分为三大产业，分别为第一产业、第二产业和第三产业。根据国家统计局关于修订《三次产业划分规定(2012)》的通知可知，目前第一产业是指农、林、牧、渔业；第二产业是指采矿业，制造业，电力、热力、燃气及水生产和供应业，建筑业；第三产业是指除第一、二产业以外的其他行业。第三产业包括：农、林、牧、渔专业及辅助性活动，开采专业及辅助性活动，金属制品、机械和设备修理业，批发和零售业，交通运输、仓储和邮政业，住宿和餐饮业，信息传输、软件和信息技术服务业，金融业，房地产业，租赁和商务服务业，科学研究和技术服务业，水利、环境和公共设施管理业，土地管理业，居民服务、修理和其他服务业，教育、卫生和社会工作，文化、体育和娱乐业，公共管理、社会保障和社会组织，国际组织。

(二)乡村特色产业的内涵与划分

乡村特色产业是乡村产业的重要组成部分，是地域特征鲜明、乡土气息浓厚的小众类、多样性的乡村产业，涵盖特色种养、特色食品、特色手工业和特色文化等，发展潜力巨大。发展乡村特色产业，要顺应经济社会发展规律，以满足市场需求为导向，以乡村资源、产业基础、人文历史等优势为依托，突出特色，因地制宜地选择适合本地的特色产业。不能盲目跟风，避免形成"千人一面"的产业格局，乡村产业要突出特色。

每个省市的地理位置、区位优势等是不一样的，因此在乡村特色产业方面的划分也没有统一的标准，可根据当地实际情况进行划分。这里以福建省的十大乡村特色产业为例，根据《福建省乡村产业振兴专项规划(2018—2022)》，福建省在做强做优做大茶叶、蔬菜、水果、畜禽、水产、林竹、花卉苗木等七个特色产业基础上，加快培育食用菌产业、乡村旅游业、乡村物流业，形成十大乡村特色产业。

二、发展乡村特色产业的本质与作用

产业振兴是乡村振兴的首要任务，产业兴旺是乡村振兴的基础。发展乡村产业是巩固提升全面小康成果的重要支撑，是推进农业农村现代化的重要引擎。发展乡村特色产业有利于促进乡村产业的发展。下面我们对发展乡村特色产业的本质和作用进行一个初步了解。

(一)发展乡村特色产业的本质

把握乡村特色产业的本质，关键是要把握其“特色”。特色是一个事物或一种事物显著区别于其他事物的风格和形式，是由事物赖以产生和发展的特定的具体环境因素所决定的，是其所属事物独有的。乡村特色产业的“特色”，反映的就是乡村产业本有的特色。乡村独有是乡村特色产业的鲜明特点。与一般产业相比较，乡村产业的空间属性是乡村，乡村特色产业是利用乡村资源优势创建的产业。一般来说，是以乡村资源禀赋和独特的历史文化资源为基础，根植于农业农村、由当地农民主办、彰显地域特色和乡村价值的乡土经济活动，如特色粮油、特色果蔬、茶叶咖啡、食用菌、中药材、特色畜禽、特色水产、棉麻蚕桑、林特花卉等特色种养业和乡村食品、酿造、纺织、竹编、草编、剪纸、风筝、陶艺、木雕、木工等特色手工业。除此之外，还以乡村元素作为融合发展的条件，创新新产业、新业态，如休闲旅游、现代康养产业。

(二)发展乡村特色产业的作用

发展乡村特色产业的作用有很多，发展乡村特色产业有利于促进政策的落实，促进产业扶贫的推进，巩固脱贫成果，缩小贫富差距；有利于提高经济、资源利用和社会效益；有利于促进三大产业的融合发展。

1. 产业扶贫

乡村特色产业的基本功能是产业功能。发展乡村特色产业，有利于乡村经济的发展，促进扶贫工作的顺利进行。2001 年，中共中央、国务院印发的《中国农村扶贫开发纲要（2001—2010 年）》正式提出产业化扶贫的概念。2011 年，中共中央、国务院印发的《中国农村扶贫开发纲要（2011—2020 年）》提出，要“培植壮大特色支柱产业，带动贫困户增收”。2014 年，中共中央办公厅、国务院办公厅印发的《关于创新机制扎实推进农村扶贫开发工作的意见》，将特色产业增收工作列为十项重点工作之一。2016 年，农业部、国家发展改革委、国务院扶贫办等九部门联合印发《贫困地区发展特色产业促进精准脱贫指导意见》，明确提出了未来推进产业扶贫的具体内容和发展目标。

做好产业扶贫工作，关键在于各地找准自身定位，在精准定位的基础上创新完善。发展乡村特色产业也是这样的，首先要找准自身的优势，然后发展自身的“特色”。正如农间的大白话：“一团乱麻，找出线头。”对于产业扶贫而言，这个“线头”就是基于精准定位的产业与项目。以产业带动，形成品牌与规模，激发农民的致富内生动力，才能对资本、人才产生吸引力，形成“穷人看能人、能人盯项目、项目贴市场、市场引资本”的良性循环。比如陕西户县东韩村的农民画，脱胎于刺绣、年画、剪纸等民间艺术，从少数人创作到家家户户执画笔，从民间艺术行为到政府专项支持，经过几十年的酝酿发展，如今成为了响亮的农民画品牌，同时还为东韩村带来了可观的经济收入，创作农民画的家庭年收入就有数十万元。还有宁夏固原彭阳县陈沟村，虽是贫困村，但后面借助生态建设的机遇大力发展苗木产业，从几个人的小打小闹到规模化的多元化经济林产业发展，实现了脱贫致富。

2. 提高效益

发展乡村特色产业，有利于资源的合理开发利用，从而提高各方面效益。例如甘肃省文县围绕产业增效、农民增收两大核心，培育了多元化农业特色产业。按照“东南茶叶、西北纹党，全域杂药、半山林果、川坝蔬菜、两江橄榄、宜区油粮、多区花椒、扩大养殖”的特色产业发展布局，“因地制宜、发挥优势，区域互补、突出特色，分类指导、梯度推进，产业带动、提高效益”的特色产业发展原则，“独一份、特中特、好中优、错峰头”的特色产业发展思路，扬长避短，努力克服暴洪、泥石流带来的损害，对全县分片区确定主导产业，实现乡村特色产业全覆盖，最终形成了茶叶产业片带、中药材产业片带、花椒油橄榄产业片带、花椒蔬菜鲜果产业片带的产业发展格局。

与此同时，文县也注重响应国家关于生态方面的号召，坚持植树造林与特色产业开发相结合，注重造林生态、经济与社会效益共赢，全力抓好以油橄榄、核桃、花椒、茶叶为主的经济林基地建设。文县通过培育农村特色产业，因地制宜地发展富民增收产业，大力发展全域旅游，不断拓宽了群众的增收渠道。

3.融合发展

发展乡村特色产业，有利于推进农村第一产业、第二产业、第三产业融合发展，促进农业产业链延伸，为农民创造更多就业和增收机会。农村三大产业融合发展是实现农民持续快速增收的重要方式，是缩小城乡收入差距的关键。三大产业融合必须以第一产业为依托，而乡村特色产业扎根于区域资源禀赋，具有发展基础和比较优势，在引领农村三产融合发展中具有重要意义。

特色产业引领农村三产融合主要表现在以下三个方面：①规模效应，特色产业本身的规模化生产使得延长产业链和衍生配套的需求产生，促使二三产业的集群发展。②示范效应，特色产业作为区域产业发展的“领头羊”，其发展模式和发展战略对其它产业的发展具有示范作用。③溢出效应，特色产业带动三大产业融合，不仅有助于振兴区域产业，实现其经济目标，还有助于推动乡村文化振兴，助力人才回流，科技创新等，进而实现特色产业带动三大产业融合下的外部溢出效应。

蔬菜是彭州农业产业的特色主导产业，通过产业园示范带动，形成了蔬菜产地采后分选、清洗、冷链运输、储存包装等于一体的加工体系，产品附加值得以提升。同时建立了完善的覆盖生产和消费、融合线上和线下的蔬菜生产流通全链条标准体系，形成了环境良好、体系完整、主体集聚的蔬菜产业互联网电子商务示范基地。彭州立足于自然资源禀赋、蔬菜产业特色，挖掘天府农耕文化，发展都市休闲农业和乡村旅游。该地区以特色蔬菜产业驱动一二三产业融合发展，符合国家绿色发展要求，契合大健康产业发展趋势，实现了生态环境和经济效益的双赢。

第四节 乡村特色产业的特征与经营方式

前面我们了解了乡村特色产业是什么，有什么作用，认识到了发展乡村特色产业的重要性，那么该如何发展乡村特色产业呢？接下来就让我们更加走近乡村特色产业，了解它的特征，了解它经营发展的方式。

一、乡村特色产业的特征

目前乡村特色产业还处于初级发展阶段，面临着许多问题。至于乡村特色产业的特征研究国内学者较少涉及，也没有统一的界定。由字面意思可知，乡村特色产业的特征最明显的一个是突出特色，其二便是依托乡村而进行发展。

（一）特色突出

乡村特色产业的最大特征是特色突出，特色便是与其他产业的最大区别。抓住乡村产业的特色，通过特色可以打造出属于自己的品牌。这里以广西巴马为例进行说明：广西巴马是长寿之乡，空气中的负氧离子很高，据说能改善肺的换气功能，增加肺活量，促进人体的新陈代谢，改善心肌功能。巴马的水和地磁也具有长寿的功能。正因如此，便有许多人慕名而来，从而发展了长寿旅游业，村民靠收取门票赚取收入。借助长寿这一特色，巴马发展三产融合的大健康行业，天然饮用水、长寿食品、健康医养、精品体育、生物科技、特色医药等都成为了巴马的特色产业，并获得了一定的发展。

（二）依托乡村

乡村特色产业要以乡村为背景，尊重乡村的自然环境，在乡村中发展特色产业。发展乡村特色产业，可将乡村特有的资源充分利用，在满足市场多样化需求的同时推动乡村振兴。乡村特色产业可根据乡村所处的地理位置、自然条件、人口组成等，选择正确的产业类型。比如辽宁省丹东市，其自身的气候温度、纬度等条件与日本牛奶草莓种植条件相符，引入该品种后形成了丹东市特有的品种，在经过推广营销后现已经成为该地区的特色产业。除了进行种植业外，还可以发展草莓园采摘、草莓干制作销售等精加工产品。

在发展乡村特色产业时，要注重对乡村生态环境造成的影响，以及特色产业与生态相互协调。很多特色产业在建设发展过程中会对周边环境产生一定的影响，如特色小镇产业等。我们不能忽视生态环境，只考虑特色产业的经济效益是不能实现该特色产业的长久发展目标的。乡村特色产业与乡村环境应该是和谐的关系，要实现可持续发展。乡村特色产业发展也需要乡村中的人、环境、政策多方面共同推动，依托乡村进行发展便由此成为乡村特色产业的另一特征。

二、乡村特色产业的经营方式

乡村特色产业需要遵循一定的方式经营，比如与时俱进、规律发展、产业融合、市场把握、技术引进等，只有这样才能使乡村特色产业实现可持续发展，助力乡村振兴。

（一）与时俱进

目前我们正处在一个在互联网迅猛发展的大背景下，在发展乡村特色产业的时候，不能忽略这个大背景，我们要充分利用好互联网的力量。2018 年，中央一号文件《中共中央国务院关于实施乡村振兴战略意见》明确指出，大力建设具有广泛性的促进农村电子商务发展的基础设施，鼓励支持各类市场主体创新发展基于互联网的新型农业产业模式，全面开展电子商务进入农村，加快推进农村流通现代化发展。

比如宁夏以“互联网＋”为导向，大力发展枸杞电商新型业态，开通了淘宝特色中国宁夏馆中宁枸杞专区，启动“顺丰杞航”枸杞鲜果营销，建成了宁夏首个电子商务孵化中心和 O2O 线下体验馆，还引入了淘宝、1 号店、云农场、中国枸杞网、邮乐购等 8 个国内知名电商平台，建设宁夏枸杞电子商务交易所等，还与淘宝大学等电商企业举办了电子商务培训班。此番操作之后，宁夏枸杞网的零售额成为全国该领域内最高，国内外市场规模也得到了进一步扩大。

在发展乡村特色产业利用电子商务的时候，现阶段还面临一系列问题，如产品标准化不统一，品牌监管和保护不到位，容易影响产品质量，品牌影响力的保持也会出现问题；农民自身文化素质及技能的限制，培训过于理论化、形式化，电子商务在农村的运用发展还存在问题；产业链不够完善，产销主体衔接不够，产业发展和市场开拓受到影响。基于上述问题，我们应在注重与时俱进的同时不断解决新的问题。另外，还要加强电子商务的质量安全控制，提高农民的电子商务实操技能，加快农村电子商务人才的培养，完善产业链，探索更多元的产销对接模式，比如“电商企业＋农民合作组织”模式、“电商企业＋生产基地”模式。

无独有偶，不仅在第一产业中可以运用电子商务思维，在第二产业中也可以如此。农村手工艺品也可以探索“互联网＋手工艺品”的发展模式。面对农村手工艺品销售渠道单一，主要集中在线下，销售范围受到影响的问题，我们可以运用新兴互联网媒体比如抖音、快手等展示农村手工艺品，直播带货行业在近年也是异常火爆，可以利用直播大平台销售农村手工艺品。

（二）规律发展

乡村特色产业的发展不可能一蹴而就，需要遵循一定的规律进行发展，循序渐进。据农业农村部介绍，乡村特色产业的发展要遵循合理规划和循序渐进两大规律发展。

1. 合理规划

产业发展离不开合理的规划，有了合理的规划才能在之后的发展中避免后续因规划混乱而产生新的问题。在种植面积规模、种植区域、种植品种选择上，都离不开合理的规划。这里以簸箕箩村花椒产业为例，其在产业发展上缺乏总体规划，规模效应不明显，在此基础上，造成农户的组织化种植程度也低，出现了种植管理水平不一、产品质量良莠不齐、采收销售散乱无序等诸多问题。因为在种植方面缺乏合理规划，在种植选取品种时过于单一，局限在了某一品种上，而本地市场、小收购商又难以消化单一产品年产出量，最后导致亏损数百万。由此可见合理规划的重要性。

2. 循序渐进

据农业农村部发布的消息看，发展乡村特色产业要循序渐进，可按照发掘乡村特色产品、建设特色产业基地、打造特色产业集群、创响特色品牌这四个步骤进行发展。

(1)发掘乡土特色产品。充分挖掘农村各类非物质文化遗产资源，保护传统工艺，以及带有地域特色的传统产业，如卤制品、酱制品、豆制品、腊肉腊肠、火腿等传统食品产业，以及竹编、木雕、银饰、民族服饰等传统手工业产品，成为消费者的“后备箱商品”和“伴手礼礼品”。(2)建设特色产业基地。粮、油、薯、果、菜、茶、菌、中药材、养殖、林特花卉苗木等特色种养，从2018年起，中央财政已安排12余亿元，支持20个省62个县，围绕1～2个主导产业建设绿色化标准化生产基地，发展加工仓储物流等关键环节、加强质量控制和品牌培育。(3)打造特色产业集群。通过打造一批特色产业集群,使乡土特色产业示范村镇涌现。全国"一村一品"示范村镇不断增多,成为乡土特色产业品牌化、集群化发展的平台和载体。(4)创响乡土特色品牌。创响"独一份""特别特""好中优"的"土字号""乡字号"特色产品品牌。四川郫县豆瓣酱、重庆涪陵榨菜、山东潍坊风筝、河北蔚县剪纸等一批乡土特色产业,增加特色品牌产品和个性服务供给,且成为当地农民增收致富的优势主导产业,还保护了传统技艺,传承了民族文化。

(三)产业融合

农业农村部把拓展乡村特色产业主要分为构建全产业链、推进聚集发展、培育知名品牌、深入推进产业扶贫。在全产业链构建上提出以特色资源增强竞争力,以加工流通延伸产业链,以信息技术打造供应链,以业态丰富提升价值链。产业融合以拓展二三产业为重点,延伸产业链条,开发特色化、多样化产品,提升乡村特色产业的附加值,促进农业多环节增效、农民多渠道增收。

在推进三大产业融合时,要充分发挥乡村各类物质与非物质资源富集的独特优势,推进农业与旅游、教育、文化、康养等产业深度融合,拓展观光采摘、休闲体验、休闲垂钓、文化创意等功能,推动乡村旅游规模化发展。同时也要做深农产品加工业,加大产品研发、技术创新、设备改造力度,培育一批农产品精深加工及副产物综合利用重点企业,建设一批农产品精深加工基地和加工强县,形成一批农产品加工优势产业集群和隆起带。做活农产品流通业,加快推广果蔬鲜切、中央厨房、直供直销等模式,推进农产品规模化加工、批量化流通。

(四)市场把握

任何产业的经营发展都离不开市场,因此对于市场的把握我们需要保持敏感,敏锐地察觉市场的变化。市场体现了供求关系的变化,我们要依据市场变化及时进行调整,从而降低市场风险。

以广西玉林食用菌产业为例，食用菌生产周期短、市场增长较快、效益明显，因此该产业成为农村经济发展的特色产业，也是助农增收的明星产业。玉林的食用菌产业中存在一定的市场风险，比如生产技术落后，产量和质量无法保障；大部分菇农缺乏对品种、市场价格风险的预测和评估，很难把握市场供求情况和行情；品牌打造意识不强，产品市场竞争力低等。对于市场风险的防控，我们可以加快食用菌科技创新，构建一批食用菌生产科技示范基地，起到模范作用，提高科技水平；引进产品深加工技术，比如开发高品质原料全利用饮品、原味酱、发酵露、特色药用菌医疗制剂和药品酒等高附加值产品，促进产品高值化利用；发展食用菌合作组织，以"企业＋合作社＋农户"的模式进行食用菌产业化生产，最大限度地共同抵御市场风险；注重品牌意识的打造，抓好"三品一标"建设，鼓励企业积极申报"三品一标"、申请专利，增强发展实力和市场竞争力；加强市场信息体系建设，比如在价格现状及预测、产销两地联合、市场价格预警等方面进行评估反馈，建立市场风险评估机制等。

对于市场的把握是比较复杂的，牵扯到许多方面，不仅仅是单个产业的，还有同行、供销人员、专业人员等，我们要努力地对市场进行把握。我们需要运用好大数据，及时捕捉市场的变化信息，进行市场调整，将市场风险降到最低。

（五）技术引进

目前，乡村特色产业容易面临技术方面的问题。以簸箕箩村花椒产业为例，受技术水平限制，农户种植技术水平普遍不高，多是放任管理、看天吃饭的方式，造成了椒树出产力较低。簸箕箩村花椒产业主要面临的技术问题是水肥管理技术较差、病虫害绿色防控技术应用很少、剪枝整形技术缺乏、新技术应用因为种植分布零散而受限。这时我们要注重对技术的引进，加强与农技部门、技术专家的对接，加强科学栽培管理技术应用，注重对农村实用人才、种植带头人、示范户进行技术培训，提高种植技术水平，充分发挥技术的增产增效作用，对现存技术问题逐个进行击破。

第五节 本地优势和乡村特色产业的联结关系

要念活“特”字诀，深入挖掘乡村产业的广度和深度。中国的广袤乡村，是一片百花齐放春满园的万里沃土。要深刻认识各地千差万别的农情乡情村情，通过充分调研了解本地优势，坚持因地制宜、因村施策，立足自然景观、地形气候、生物多样性、农耕文化等当地自然条件和资源禀赋的本地优势，大力发展“人无我有、人有我优、人优我精”的乡村特色产业。

一、政策连结

“一村一品”是指以村庄为单位，根据国内外市场的需求，对本地资源优势进行充分挖掘，通过大力推进规模化、标准化、品牌化和市场化建设，使一个村（或者几个村）拥有一个（或者几个）市场潜力大、区域特色明显、附加值高的主导产品和产业。在后面会对这一政策进行详细述说，这一政策实际上就是本地优势和乡村特色产业连结关系的体现，通过发挥本地优势来发展乡村特色产品和产业。发展“一村一品”应把握的基本原则有一点是发挥优势，即在发展“一村一品”中，各地要立足于本地资源，综合考虑区位优势、产业基础和市场条件等因素，积极培育、发展优势比较明显的主导产业和主导产品。

二、相辅相成

本地优势其实也就是当地的一个特色，比如该地区文化底蕴深厚，那么文化便是它的一个特色。但光有特色，缺乏挖掘，那就是无形中将自己的优势埋没了。要发展成为一个产业，需要多方合力，比如政府的支持、人才的挖掘、村民的作为等。

总的来说，本地优势可以促进乡村特色产业的形成与发展。一个地方有自己的优势，也会有自己的劣势，我们要做的是扬长避短。以云南大理白族自治州宾川县平川镇朱苦拉村为例，朱苦拉在彝语中是指弯弯曲曲的小路，可见当地的交通不便，自然环境也是较为恶劣的，是宾川县贫困村之一。脱贫攻坚战打响以来，在党和政府的关怀下，通过各族干部群众的共同努力，朱苦拉村基础设施逐渐完善，农业结构调整成效显著，生态环境明显改善，群众生活质量显著提高，经济社会发展取得了较大成就。他们所取得的成绩离不开对百年咖啡文化的高度重视和充分挖掘，他们在咖啡文化的基础上大力发展咖啡产业，开展少数民族特色村寨建设，发展乡村文化旅游，在藏羌彝走廊文化产业发展中颇具特色。朱苦拉咖啡其悠久的种植历史和稀缺性正是当地的优势，咖啡已经融入朱苦拉村民的日常生活中，并与当地的“彝族打歌”“长桌宴”等习俗相结合，形成了独一无二的山区咖啡文化。在外界资本和政府的关注支持下，朱苦拉村的特色产业得以形成和发展。我们要大力宣传朱苦拉咖啡作为“中国咖啡活化石”的文化符号价值，用这一民族民间文化遗产与特色促进文化产业的发展，为其注入新活力，从而实现经济效益与社会效益最大化。

乡村特色产业的发展使得本地优势更加凸显，得到更多人的关注。随着高铁时代的到来以及旅游业的发展，朱苦拉村的基础设施日益完善，越来越多的游客慕名来到朱苦拉，感受百年咖啡村的魅力。正因为朱苦拉村文化产业的不断发展，使咖啡文化这一优势逐渐为外人所知。本地优势和乡村特色产业之间的关系看似是相互独立的，但是只要本地优势得到挖掘和展现，乡村特色产业中的特色也自然而然地被挖掘出来，接下来就是产业的形成与发展了。二者关系是相互促进的，乡村特色产业一旦形成，本地优势势必也能得到更大的体现，更广为人知。

第二章　发展乡村特色产业的要点分析

发展乡村特色产业不是一蹴而就的，而是要经过长时间的不断探索与发展的。我们要对这些发展的要点一步步分解，要用微观、中观和宏观的视角来看待。本章节将对近年来关于发展乡村特色产业的相关政策进行梳理，比如有宏观上针对农村的政策——新农村建设和乡村振兴，还有针对乡村特色产业发展的“一村一品、一县一业”。对发展乡村特色产业的基本原则等方面因为前人没有对此做出一个定义，所以给出了自己的建议和想法。最后对发挥本地优势发展乡村特色产业现阶段的问题进行探讨分析，发现现阶段存在人才不足、技术水平有限等方面的问题，并给出一些应对策略方面的思路，例如进行人力资本投资、提高技术水平等。

第一节　乡村特色产业的发展历程

近十几年来，我们国家对于“三农”方面的政策关注度一直是较高的，随着经济社会的不断发展，国家在“三农”方面的主要政策由新农村建设向乡村振兴战略转变。多年来，中央一号文件围绕的重点都是“三农”问题，旨在推动“三农”建设，使农村得到振兴，农业得到发展，农民增加收入。下面着重介绍一下“新农村建设”和“乡村振兴”的发展历程，使大家对于“三农”工作有一个整体的了解。

一、新农村建设

新农村建设是指在社会主义制度下，按照新时代的要求，对农村进行经济、政治、文化和社会等方面的建设，最终实现把农村建设成为经济繁荣、设施完善、环境优美、文明和谐的社会主义新农村的目标。其中提到的经济繁荣离不开乡村产业的发展。下面将围绕新农村建设的具体情况和弊端两个方面展开讨论。

（一）概况

我国上世纪50年代对新农村建设有所提及，在2005年底，党的十六届五中全会正式提出了“建设社会主义新农村”的目标，并把它作为我国现代化进程中的重大历史任务。其内容非常丰富全面，可简单概括成20字方针，即“生产发展、生活富裕、乡风文明、村容整洁、管理民主”。

新农村建设的重点是新农民、新产业、新村庄、新组织、新环境和新服务需要国家、政府和农民做些什么。这里我们主要来看新产业的发展，新产业的成长需要发展现代农业和外向型农业，也需要发展农村的非农产业，形成多业态的农村产业结构。农村内部的产业分流既拉伸了农业产业链值，又发展了因地制宜的产业。

在新农村建设时期，农民增收和发展乡村产业有着密切关系。“生产发展”是社会主义新农村建设的首要任务，没有生产发展就无法促进农民收入的增长和生活条件的根本改善。民营经济是农村新产业建设的引擎，要注重民营经济的力量，通过民营经济的发展带动相关新型产业的发展。农村新产业主要包括现代新型农业、农村新型工业和农村新型服务业。

发展比较优势的外向型农业、新型农业和特色型生态产业是现代新型农业建设的需要。外向型农业的发展可以体现在密集化的发展，主要体现在发展优质密集型产品，比如玉米、小麦等优势密集和特色密集产品；发展劳动密集型产品，比如水果、蔬菜、水产品等比较优势的产品；发展资本技术密集型产品，比如政府鼓励部分农业公司发展壮大为农业跨国公司。新型农业如基因型农业随着科技的发展，可以以较低的生产成本增加农产品的产量与质量，有利于发展优质型农业；公司型农业也得到了一定的发展，合作农场、农业工厂、农业股份公司等规范产权组织的农业企业有明显不足，中国各类公司型企业得到了一定发展，如加工型企业、科技型企业、服务型企业、基地型企业等将成为新型农业的一大发展方向。还有“多色农业”如白色农业、蓝色农业、绿色农业等不断涌现，满足国内外日益增长的保健、旅游、休闲、便捷等新型农业需求。发展特色生态农业主要包括自然型的特色农业、有机食品和农业庄园生态旅游等。

新型工业化应包括信息化（软硬化）、知识化、服务化、全球化或开放化、生态化、规模化（内外部规模、产业集群）、优质化和特色化（比较优势）。农村新型工业要尊重历史，从历史发展来看，主要分为工业制造业和装备制造业，要把握这两大工业类型进行发展。农村新型工业化道路应以发挥比较优势，激励新兴工业，限制高资源、高能源消耗工业为总原则，走出一条以乡镇大中小工业企业为依托，以农产品加工为重点，加工制造业为比较优势的武器，条件成熟的地区则以发展装备工业作为增长点，以创新和引入现代工业要素为动力的新型农村工业化道路。其中，农村劳动力和资源具有比较优势，有利于低成本就地加工，因地制宜发展加工业。

农村新型服务业的发展思路如下：放松市场准入、完善制度环境，做强传统的农村服务业；按照市场需求，因势利导地培育农村新型服务业，比如产中物资配送和产后产品销售服务、农村教育培训、现代物流服务、农村房地产服务、旅游观光业、信息服务业、村庄社区服务业等；克服短板，加大对农村新兴且重要的服务业支持力度，比如农民所需的但发展还不成熟的金融保险服务、农业生产服务、农业科技服务、农产品流通服务和农村公共服务。

产业的发展，有利于促进农民增加收入。要围绕农民增收，突出发展重点产业，在原有的基础上培育壮大本地特色产业，充分利用好山好水好生态，做出最好的农产品，切实增加农民收入。

（二）弊端

在关于新农村建设讨论与行动中，主要的主张者是官员和学者，而农民却在这场关于家乡建设和自身利益的新农村建设中集体失语。农民是新农村建设的主体和最终受益者，他们的需求应当是新农村建设决策的重要依据，我们不应该忽略农民这一主体在新农村建设中的重要性。各地政府在决策时，往往从宏观的经济层面出发，而忽视了农民个体面临的实际困难，容易埋下干群矛盾、党群矛盾的导火线。

不同地区对于新农村建设有不同的理解，比如有些地区将新农村理解为统一规划盖新房或住楼房，但大多数农民最关注的是生产发展，而兴建楼房这一做法并不能满足农民的最优先需求，这样往往适得其反，引发其它新的矛盾。

二、乡村振兴

实施乡村振兴战略是党的十九大做出的重大决策部署。将乡村放到与城市同等重要的地位，将乡村作为一个有机整体，促进由城到乡、乡村内部要素有序流动，更加注重发挥乡村的主体性，激发乡村发展活力，形成更为可持续的内生增长机制，对推动农村发展、增加农民收入起到了重要的作用。乡村振兴包括产业振兴、人才振兴、文化振兴、生态振兴、组织振兴，这一战略的总体要求是产业兴旺、生态宜居、乡风文明、治理有效、生活富裕。随着我国城市的不断发展，乡村振兴是发展的必然趋势，而产业振兴有利于促进乡村经济的发展。下面将探讨乡村振兴与新农村建设的不同和与乡村特色产业之间的联系。

（一）乡村振兴与新农村建设的区别

从某个方面来说，乡村振兴战略是社会主义新农村建设的升华版。

从总要求来看，它用“产业兴旺”替代“生产发展”，要求在发展生产的基础上培育新产业、新业态和完善产业体系，使农村经济更加繁荣；用“生态宜居”替代“村容整洁”，要求在治理村庄脏乱差的基础上发展绿色经济，治理环境污染并进行少量搬迁，使农村人居环境更加舒适；用“治理有效”替代“管理民主”，要求加强和创新农村社会治理，使农村社会治理更加科学高效，更能满足农村居民需要；用“生活富裕”替代“生活宽裕”，要求按照全面建成小康社会奋斗目标和分两步走全面建设社会主义现代化强国的新目标，使农民生活更加富裕、更加美满；“乡风文明”四个字虽然没有变化，但在新时代，其内容进一步拓展、要求进一步提升。同社会主义新农村建设相比，乡村振兴战略的内容更加充实，逻辑递进关系更加清晰，为新时代实现农业全面升级、农村全面进步、农民全面发展指明了方向和重点。

（二）乡村振兴与乡村特色产业的联系

乡村振兴提到了产业振兴，产业促进乡村经济振兴，要想振兴乡村经济，最重要的是建设特色产业。产业是经济发展的主心骨，只有发展特色产业，才能带动区域发展，才能留住人才并辐射其他产业，最终向现代化乡村迈进，形成乡村发展的新格局。

发展乡村特色产业是振兴乡村经济的必经之路。从内要完善乡村基础设施，挖掘当地特色形成完善的产业链并促进产业融合发展；从外要加大品牌建设，扩大品牌影响力，完善产业宣传途径。发展乡村产业能够活跃乡村经济，创造就业岗位，使乡村的群众能够有稳定的工作，实现自给自足，从而促进社会稳定，这也响应了新时代中国特色社会主义思想中的全面脱贫战略，实现小康社会建成目标，缩短城乡差距，为向社会主义中高级阶段迈进添砖加瓦。

在乡村振兴战略背景下，发展乡村特色产业是深入推进我国传统村落精准扶贫的需要，通过产业为发展提供源动力，获得可持续的、长期的经济来源，才能实现自我造血，最终脱离贫困；也是贯彻新时代中国特色社会主义思想的需要，经济基础决定上层建筑，只有发展产业振兴经济，才能将中国优秀传统文化这一上层建筑传承发展；同时还是促进经济发展的需要，和城市比起来，乡村受限较大，资源也较少，所以要发掘出与城市发展不同的道路，依靠本土特色，形成自己的核心竞争力，最终推动经济发展。

第二节　乡村特色产业的政策演变

党的十九大报告提出实施乡村振兴战略，并明确了“产业兴旺、生态宜居、乡风文明、治理有效、生活富裕”的总要求，这也是新时代“三农”工作的总抓手。产业兴旺是乡村振兴的前提和基础，是实现农民增收、农业发展和农村繁荣的关键。产业贵在特色，只有培育具有区域特色和比较优势的产业，才能避免同质化竞争，才能构建独特的竞争力。发展特色农业是我国农业结构战略调整的要求，是提高我国农业国际竞争力的要求，也是增加农民收入的迫切需要。近年来，中央财政采取了一系列措施，积极支持各地发展优势特色农业产业。“一村一品”是发挥本地优势发展乡村特色产业的一个很好的政策体现，突出品牌特色，下面将围绕相关政策进行详细地阐释。

一、近年政策的推进

2015 年，财政部印发《农业综合开发扶持农业优势特色产业促进农业产业化发展的指导意见》，主要围绕完善农业优势特色产业链展开，从 2016 年开始，农业综合开发产业化经营项目集中支持区域农业优势特色产业。以“优化布局、突出优势、精准扶持、提高效益”为主线，以促进农村一、二、三产业融合发展以及农民持续增收为目标，以打造农业优势特色产业集群为着力点，重点实现"三个转变"。一是扶持定位从项目向产业转变。通过集中投入、合力支持区域优势特色产业，实现节本降耗、提质增效。二是实施主体从单一化向多元化转变。加大对适度规模经营的新型农业经营主体的扶持力度，并推行同一产业多主体共同申报、协同发展机制。三是项目资金从"主导"向"引导"转变。以项目为平台，发挥财政资金的引导和杠杆作用，吸引金融资本和社会资本等其他资金的投入，扩大资金盘面，合力支持和发展优势特色产业。

2017年，《中共中央国务院关于深入推进农业供给侧结构性改革 加快培育农业农村发展新动能的若干意见》明确提出做大做强优势特色产业。实施优势特色农业提质增效行动计划，促进杂粮杂豆、蔬菜瓜果、茶叶、花卉、食用菌、中药材和特色养殖等产业提档升级，把地方特色小品种和土特产做成带动农民增收的大产业。开展特色农产品标准化生产示范，建设一批地理标志农产品和原产地保护基地。推进区域农产品公用品牌建设，支持地方以优势企业和行业协会为依托，打造区域特色品牌，引入现代要素改造提升传统名优品牌。同年，国家发展改革委、农业部和国家林业局联合印发了《特色农产品优势区建设规划纲要》，制定了《中国特色农产品优势区创建认定标准》，鼓励地方做大做强优势特色产业，争创特色农产品优势区，把地方土特产和小品种做成带动农民增收的大产业。

2018年10月，国务院印发《乡村振兴战略规划(2018—2022年)》，提出要壮大特色优势产业，以各地资源禀赋和独特的历史文化为基础，有序开发优势特色资源，做大做强优势特色产业。创建特色鲜明、优势集聚、市场竞争力强的特色农产品优势区，形成特色农业产业集群。实施产业兴村强县行动，培育农业产业强镇，打造一乡一业、一村一品的发展格局。同年12月发布《农业农村部关于开展休闲农业和乡村旅游升级行动的通知》，表明要坚持以农业为基础的发展定位，积极拓展农业多种功能，因地制宜发展休闲观光、体验娱乐、科普教育、健体康养、民俗民宿等特色产业；坚持以绿色为导向的发展方式，提供绿色优质产品和服务；坚持以创新为动力的发展路径，积极发展创意农业；坚持以文化为灵魂的发展特色，讲好乡村故事。

2019 年，中央一号文件《中共中央 国务院关于坚持农业农村优先发展做好“三农”工作的若干意见》中同样指出要加快发展乡村特色产业，大力倡导“一村一品”“一县一业”。因地制宜发展多样性特色产业，创响一批“土字号”“乡字号”特色产品品牌，大力发展现代农产品加工业，支持县域发展农产品精深加工。创新发展具有民族和地域特色的乡村手工业，大力挖掘农村能工巧匠，培育一批家庭工场、手工作坊、乡村车间。

2020 年 12 月，习近平总书记在中央农村工作会议上强调“要加快发展乡村产业，顺应产业发展规律，立足当地特色资源，推动乡村产业发展壮大，优化产业布局，完善利益联结机制，让农民更多分享产业增值收益”。

2021 年是“十四五”开局之年，“三农”工作的重心已从巩固和拓展脱贫攻坚成果向全面推进乡村振兴转移。各地应积极落实中央农村工作会议精神，顺应产业发展规律，不断发展乡土特色产业，推动乡村产业做大做强。其次，乡村要振兴，就必须优化产业布局。每个乡村都有各自的区位和资源优势，在发展乡村产业过程中，以什么产业为主，形成怎样的产业链，如何推动乡村产业向产业化、一体化发展，如何把农业发展与加工流通、旅游休闲等产业深度融合，形成新的产业链，是当地政府优化产业布局必须优先考虑的问题。这其中的关键是“优化”，要将此前当地产业布局中不合理，不符合政策取向，或者与当地资源禀赋不相匹配的产业进行调整，让原先不突出的主业更加凸显出来，让政策资源更多向当地特色产业和优势产业倾斜，通过优化产业布局，推动乡村产业更好更快发展。

二、一村一品

习近平总书记多次指出，要因地制宜发展现代养殖业、林果业、园艺业，发展一村一品、多村一品、一乡一业、一县一业优势主导产业。这里主要对一村一品进行阐释。实际上，当打造出品牌产品的时候，距形成特色产业也就不远了。

（一）内涵

“一村一品”是指在一定区域范围内，以村为基本单位，按照国内外市场需求，充分发挥本地资源优势，通过大力推进规模化、标准化、品牌化和市场化建设，使一个村（或几个村）拥有一个（或几个）市场潜力大、区域特色明显、附加值高的主导产品和产业。

我们要避免把“一村”局限在村庄，这里的“村”指的是一个区域概念，也可以是乡镇，“一品”并非单指一个品牌，不能刻意追求“一村一品”，比如一村不能共存“几品”，几村也不能共存“一品”等，这些认识都是错误的。

农产品生产具有很强的特殊性。不同的地方和条件，改革的基础、发展的水平都不尽相同，各地树起的“一品”也应该是不同的。大多地方都有自己的比较优势，有的地方矿产资源丰富，有的地方区位优势明显，有的地方经商传统悠久，有的地方人文底蕴深厚。我们要把比较优势变为特色，再把特色变为品牌。

（二）发展阶段

“一村一品”最早是由日本传过来的，在我国的发展大致经历了三个阶段。第一阶段为学习模仿阶段。20 世纪 80 年代中期，随着家庭联产承包责任制的全面实施，各地涌现出大量种养业和农产品加工专业户，以个体经济为主，也出现了少量专业村和专业乡镇。第二阶段为专业合作组织和龙头企业相结合阶段。20 世纪 90 年代，以种养业为主的一产向加工、营销等领域延伸，第二、三产业和外向型农业以及多种经营的专业村镇在东部地区出现，中西部地区也相继出现专业化、规模化的种养村镇，专业合作社和龙头企业是这一时期的主要形式。第三阶段为一体化经营阶段。2000 年后，“一村一品”扩展到“一镇一品”“一县(乡)一业”等多种形式，从专业化生产扩展到加工、销售、创造品牌，构建完整的产业链条，在部分地区形成了跨区域、大规模、集群式局面。

(三)存在问题

综合国内学者的研究成果，各地存在的共性问题主要包括：“一村一品”被视为产品开发，同质化严重，缺乏创意和特色；产业链的意识初步形成，主要集中种养殖生产和简单加工环节，对于技术研发、特色发掘、品牌培育、市场营销，以及售后服务的认识和投入不足；产业联系不够紧密，缺乏互利共赢机制；教育培训与生产发展不同步；科研与产业结合不紧密；政府职能部门相应的管理和服务体系不够完善。同时人才不足也制约了“一村一品”的发展，各省的重视程度也有待提升。

(四)未来发展

农业农村部网站显示，截至 2021 年 1 月，全国已建设一批特色产业基地，认定全国“一村一品”示范村镇 3274 个，推介 91 个全国乡村特色产业十亿元镇(乡)和 136 个全国乡村特色产业亿元村，已培育 34 个产值超 100 亿元的优势特色产业集群。

关于乡村特色产业提升上的目标如下：到 2025 年，新认定 1000 个全国“一村一品”示范村镇。到 2025 年，建设 150 个产值超 100 亿元、30 个产值超 1000 亿元的优势特色产业集群。到 2025 年，培育 2000 个“乡字号”“土字号”特色知名品牌，推介 1000 个全国乡村能工巧匠。

第三节　发展乡村特色产业的基本原则

和发挥本地优势发展乡村特色产业相像的是“一村一品，一县一业”，我们可以借鉴“一村一品，一县一业”的发展原则。“一村一品，一县一业”是培育发展乡村特色产业、促进产业扶贫的重要举措。“一村一品，一县一业”是培育发展专业化、特色化、规模化优势产业的重要途径，要突出优势特色、拓展多种功能、延伸产业链条、健全利益联结机制，打造一批特色鲜明的“一村一品，一县一业”，为乡村产业振兴提供有力支撑。第九批442个全国“一村一品”示范村镇主要有以下特点：主导产业突出、绿色发展良好、联农带农突出、组织化程度高和产业扶贫效果明显。根据乡村特色产业的特点，可总结为以下几个原则：优势特色突出、绿色发展良好、资源利用协调和产业带动发展。

一、优势特色突出

作为乡村特色产业，就应该具有自己的特色，同时这个优势特色应该是突出的。如岳阳市君山区柳林洲镇永城村驻村的优势特色便是黑鱼养殖，养殖人数多，规模较大，利润也是较为可观的。该村通过发展“一村一品”把养黑鱼优势转变为产业优势，把产业优势转变为经济优势，打造农民增收品牌，真正让老百姓的钱袋子鼓起来。汨罗长乐镇是享誉盛名的甜酒小镇，除古法酿制的甜酒外，还开发出易拉罐式直饮蒸煮甜酒、奶茶杯式冲泡饮品甜酒以及可以长时间保存蒸煮的原味甜酒，使得长乐甜酒一年四季都可生产销售。汨罗市按照“一县一特色、一村一农产品牌”的发展思路，做好脱贫帮扶措施与糯稻种收、甜酒与粽子加工销售的结合，合理调整农业产业布局，使得甜酒这一优势更为突出。

“特色”要体现乡村谋求差异发展、提升自身竞争力。具体是指特色产业、特色生态、特色文化。一是以特色产业为基础，充分挖掘和利用特色资源，因村施策，构建特色农业产业体系，促进一、二、三产业融合发展，走多元化的特色发展之路。二是以特色生态为重点，保护山水林田湖等原生资源，应对乡村突出的环境问题，尊重自然、顺应自然、保护自然，塑造与城市不同的特色乡村生态景观。三是以特色文化为内核，发掘继承、创新发展优秀乡土文化和文化遗产，彰显传统文化符号，培育乡风文明，保护乡村社会价值体系和集体情感记忆，留住乡愁村韵。

二、绿色发展良好

乡村特色产业的发展不能以破坏环境为代价，要顺应自然规律。在2005年8月，时任浙江省委书记的习近平同志在安吉县余村考察时，提出“绿水青山就是金山银山”，这一重要思想被称为“两山”理论。“两山”理论内容体系包括三个层面，其中表层是社会经济发展创新转型，发展循环经济、绿色产业，提供优质生态产品的供给能力，努力建设资源节约型和环境友好型社会。良好生态环境是农村的最大优势和宝贵财富，我们要保持好这一优势，将生态优势转换为发展优势，促进产业的绿色可持续发展，促进“绿水青山”与“金山银山”的良性循环。在乡村振兴战略下，我们应贯彻“两山”发展理念，以绿色发展助推乡村振兴，加强农村环境综合整治，建设生态宜居家园，同时也可探索“乡村旅游＋”融合发展模式，促进产业兴旺，实现村民生活富裕。

近年来推行的美丽乡村建设正是绿色发展的一个重要体现。2013年国家农业部启动了“美丽乡村创建”活动。2014年2月，正式对外发布美丽乡村建设十大模式，即产业发展型、生态保护型、城郊集约型、社会综治型、文化传承型、渔业开发型、草原牧场型、环境整治型、休闲旅游型、高效农业型。这十大模式都是在发展乡村产业的同时注重绿色发展，保持原有的本地优势进行发展。如该地产业以渔业为主，我们要考虑的是如何利用当地渔业资源丰富这一优势，发展环境友好型产业，对传统渔业存在的缺陷进行现代化的加工改进，发展成为新型现代化模式。又如海南最大的优势就是生态、环境与绿色优势，这些优势为海南美丽乡村建设创造了得天独厚的条件。海南乡村地区产业的发展应借助这一优势，保护环境，引进先进的技术，实现产业的绿色发展。

习近平总书记多次强调，要像保护眼睛一样保护生态环境，像对待生命一样对待生态环境。在发挥本地优势发展乡村特色产业的时候，我们要以绿色发展理念为引领，革除损害和破坏绿色发展的经济增长模式，探寻形成"生态＋"复合型经济发展模式，推进乡村生态建设与经济发展相得益彰。其主要发展思路如下：一是发展"生态＋农业"，建立农产品质量保证与溯源体系，推广种养结合等生态循环农业模式，着力打造出安全优质农产品生产示范基地，保证农业的可持续发展。二是发展"生态＋工业"，坚持产业导向、项目准入、节能降耗的前置把关，稳步发展节能环保、清洁生产、清洁能源产业，激励企业实施技术改造，淘汰落伍产能，减低资源消耗，让工业得到绿色健康的发展。三是发展"生态＋旅游"，突破传统产业边界，实现产业融合，推动农旅要素融合，激励发展林果采摘等农家乐项目，同时要培养和提升当地人的环境保护意识，对游客进行环境保护行为的引领，建立环境保护的规范，推进文旅小镇等项目建设，实现乡村发展"含绿量"和"含金量"同步提高。

有些农村地区通过厂房租赁、土地租赁虽然能获得更多的集体经济收入，但是随之带来的环境污染和劳动力价格上涨使得村庄发展后劲不足。在发展产业的过程中不能以牺牲环境为代价，要与环境协调发展，这样乡村产业才能得到可持续发展。乡村特色产业不能因为追求特色产业而破坏当地的自然环境，坚持绿色发展是必须要遵循的原则。

三、资源利用协调

发挥本地优势发展乡村特色产业，其实就是一种资源利用协调的体现。对于各部分的资源都要协调利用好，发挥效益的最大化。若该地区存在龙头企业或者合作社，要利用好这些资源。龙头企业已成为乡村产业振兴生力军、小农户与现代农业有效衔接的重要载体。龙头企业以乡村特色资源为依托，按照“有标采标、无标创标、全程贯标”要求，建立健全“从田间到餐桌”“从种子到筷子”“从枝头到舌头”的全产业链质量管控、检测和追溯体系，增加绿色优质农产品供给，打造绿色优质农产品品牌，助力乡村产业加速由产品经济、数量经济向绿色经济、品牌经济转变，进而找到“绿水青山”转化为“金山银山”的“金杠杆”。我们对于龙头企业这一资源要多加利用，如果缺乏龙头企业，也可以对其进行培育。如2020年以来，陕西省平利县坚持把发展特色产业作为巩固脱贫成果治本之策，把培育重点龙头企业作为调整产业结构、推动经济发展的一项主要举措。

除了龙头企业，农村还具有许多资源，比如农村劳动力、土地资源、闲置资产等都可以加以利用，我们要将这些资源协调整合好，因地制宜，发展适合当地的特色产业。云南省大理州诺邓村具备普遍的历史文化名村特征，因其所处大理这个特殊的地域环境，明显表现出大理的地域性特征：地处低纬高原，低纬高原季风气候，四季温差不大，分雨旱季。由于地形地貌复杂，海拔高差悬殊，气候的垂直差异显著，自然资源非常丰富。自然资源便是它先天的优势，再加上历史文化底蕴深厚，将这二者资源相结合，便可以发展乡村特色旅游业。但在乡村旅游的发展中并没有合理体现出其资源价值，要进一步将乡村景观资源合理开发利用，结合历史文化底蕴，营造更适宜的乡村景观，提升旅游发展水平。

四、产业带动发展

乡村特色产业的发展不能只是单个的发展，而应该起到一个辐射带动作用，带动周围其他产业的发展，通过点的发展带动线的发展，再带动面的发展，这样才能更快地带动乡村产业经济的发展，增加村民收入，助力乡村振兴。

河北省武安县石洞乡流传一首民谣“故地柳泉石洞乡，土地瘠薄山头光。旱涝灾祸谋生难，常年半饱菜加汤。改革开放齐致富，采矿运输办工厂。学堂高楼油铺路，人欢业兴天艳阳。”该民谣深刻地反映了石洞乡的变化，而这一变化正是因为石洞乡在发展农业的同时，结合本地矿产资源丰富的优势，因地制宜地兴办工业企业。结合本乡丰富的石灰石资源和相邻钢（铁）厂的优势投资建设了水泥厂，随后对其进行改造扩建，加上科学管理，出厂合格率也是极高的，使石洞乡的经济发展得越来越好。在抓好乡办骨干企业的同时，还积极发展村级企业，如河西调料厂、青烟寺选矿厂等七个村的采矿队，使村级集体经济得到迅猛发展。乡党委、乡政府也为个体企业的发展提供积极扶持和引导，个体企业在资金和技术方面的问题都得到了很好的解决，极大地提高了本地的就业率。

石洞乡产业的发展给我们带来了许多思考与启示，通过乡村特色产业带动周边其他产业的发展，从而拉动乡村整体经济的发展，与此同时又通过经济发展促进了教育、福利、治安等方面的发展，带来非常良好的反响。从石洞乡的发展可以发现产业扶贫的效果是很明显的，既拉动了经济的增长，又使农民的收入增加。

第四节　发展乡村特色产业的问题挑战

党的十八大以来，我国乡村产业不断发展壮大，各类新产业、新业态发展如火如荼，亿万农民因产业兴旺鼓起了“钱袋子”，千万乡村也因产业走上了致富路。特别是在脱贫攻坚的战场上，每个贫困县都形成了特色鲜明、带贫能力强的主导产业，产业扶贫成为覆盖面最广、带动人数最多、成效最显著的扶贫举措。但是乡村特色产业发展也面临着规模小、布局散、链条短、品质较低以及一些地方产业同质化较突出等问题。这里将其归纳为六个主要问题，分别是：农业产业化问题、技术问题、缺乏特色问题、人才不足问题、资金不足问题和开放与创新问题。

一、农业产业化问题

农业特色产业要做大做强，必须有组织形式，产业化是农业特色产业做大做强的有效形式。推进产业化进程，可使区域潜在的相对优势转化为现实市场竞争优势，形成有竞争优势和区域特点的主导产业，建立具有独立特色的农业产业区。特色产业区的建立反过来又能促进特色产业的发展。产业化经营使得生产水平得到很大的提升，以家庭为主体的独立经营转变为以公司或联合体为主体的企业化经营。

在进行农业产业化发展过程中存在诸多的“不适应”。一是农产品结构的不适应，主要表现为“难卖”，即“产—供—销”链条的断裂。市场经济是以市场为导向、根据市场配置资源的经济形态，农业的购销体制不畅是农业不能快速发展的一个重要原因。产供销形成一条龙是当前农业在市场经济中大有作为的一招好棋，党和政府在创设“产—供—销”链条的活动中应该发挥关键作用；二是生产方式的不适应，农业生产人员劳动素质普遍偏低，不能快速适应现代农业的生产方式；三是经营管理的不适应；四是市场化程度的不适应，表现为市场化程度偏低和无法适应国际化大市场的需要。我国农业目前基本上属于自给自足的小农经济，没有形成规模经济。加入世贸组织后，如何应对国外集约型农业的挑战将是我国作为一个农业大国面临的严峻问题。

这里以重庆市林湾村为例，在政府大力帮扶下，林湾村的产业初具雏形，但仍面临着农业产业化进程中的诸多问题。首先，林湾村的主导产业不突出，产业发展的思路不清晰，同时发展莲藕、鱼类、柠檬、生鸡、土猪、兔子、竹笋等，没有找到重点产业所在。基础设施建设与产业规划也严重脱节，盲目进行基础设施的建设。其次，土地流转不流畅。一方面，村民习惯家庭承包经营，对产业化经营升级和现代农业发展的认识不足；另一方面，村民不愿意将自己的承包地转包给大户经营，认为土地是他们生活的依靠，转包之后自己就失去了这种依靠。近年来，林湾村的产业发展效果不够理想，村民们的信任度与参与积极性不高。最后，主导产业的扩大效应较弱，奶牛养殖业是该村目前最具规模和影响力的，但只是将奶牛引进来，没有充分利用奶牛产业带动其他产业的发展。

目前，在发展乡村特色产业的时候，农业产业化问题较为突出，村民的思想观念较为保守，对于产业化的认识不足，经营管理经验也较为欠缺，规模相对都较小，难以形成规模和适应市场的需求，产业链也不够完善，种植养殖业发展几乎停留在第一产业上，没有进行充分延伸产业链，不仅要体现在生产上，还有供应、销售等环节几乎统一外包给他人，深加工因为技术原因等问题也是发展停滞，难以发挥产业化经济效益的最大化。

二、技术性问题

虽然有些产业是发挥了本地优势，在发展中也成为了乡村特色产业，但产业也会遇到技术性方面的问题，由技术性问题继而引发生产效率低下、缺乏创新活力等问题。以河南省滑县大柳树村为例，该村在基础设施建设、人居环境提升、项目工程建设等方面都取得了显著成绩，但面临的农业技术性问题较大，没有引入前沿的现代农业技术，村民缺少机械化、科学化、电气化等现代农业科技的帮助，生产方式粗放，生产不规范、规模小，农业产业结构单一，生产效率低下。大柳树村在美丽乡村建设中虽然注重基础设施建设，但是农用配套设施不健全，对于新型产业的开发力度远远不够，导致该村庄缺乏内生动力，村庄发展落后。

村民对于技术利用的能力和水平不高，没有发挥技术在乡村产业发展上的优势。信息技术在产业发展中的作用不可忽视，在《2020 年乡村产业工作要点》中提到要促进互联网、物联网、区块链、人工智能、5G、生物技术等新一代信息技术与农业融合，发展数字农业、智慧农业、生态信任农业、认养农业、可视农业等业态。但目前该方面的技术还很欠缺，以互联网技术为例，政府在推动互联网技术促进乡村特色产业发展上的宣传力度不足，村民对互联网技术的认识不足，对于网络销售的喜爱远不如传统线下售卖。许多蔬果农户缺乏冷链贮藏和运输能力，在保存和运输中处于劣势地位，但他们对互联网销售、电子商务了解较少，没有充分利用小视频、直播等方式进行网络销售。

三、缺乏特色问题

发展乡村旅游业是一个促消费、调结构、利转型的最好选择之一，也是发挥本地优势发展乡村特色产业的一个良好途径。然而，有些地方不加控制地复制外地经验和做法，没有结合本地优势，也忽略了本地特色。很多乡村缺乏对本地特色的发掘，只懂得“什么好卖发展什么”，容易造成产品同质化的问题，进而导致产品滞销等其他问题。

拿油菜花旅游的例子来说，油菜花观赏旅游在全国呈现出遍地开花之势。通过油菜花旅游促进本地经济发展的初心是好的，但有的农村地区并没有充分了解市场，也没有弄清种植之后的油菜花销售问题，就盲目组织农民大量种植油菜花。这样遍地复制的油菜花旅游产业很容易让游客产生审美疲劳，同时也使油菜花旅游这一特色产业失去应有的独特性、差异性，从而失去市场。很多产业建设只流于表面，没有深层发掘，我们耳熟能详的农家乐便是如此。农家乐是全国乡村旅游的代表性品牌，但其做法雷同，无非就是住宿、吃饭、钓鱼，几乎样样如此，门门如此，缺乏新意，可持续性严重不足。由此也就无法创造出真正的特色，本土特色也就无法与产业很好地融合。农家乐出现的问题值得我们反思，其重点还是缺乏特色，只停留在了乡村产业层面，而非乡村特色产业。我们鼓励发展乡村旅游业，但不是盲目地复制，而是需要立足本地优势，结合当地实际情况，因地制宜，避免劣势。在充分调研本地的优势后，了解本地发展乡村旅游市场的需求，针对需求及时进行规划调整，有计划地发展特色产业。

四、人才不足问题

人才的缺失对于发展乡村特色产业也是不利的。目前全国普遍存在乡村空心化问题，即农村中的青壮年劳动力流向城市工作，而在农村剩下的大多数为留守劳动力。年轻一代农村劳动力资源的流失，无疑对乡村各行各业的发展带来了冲击。造成这一问题的原因主要是缺乏核心产业，而传统农业缺乏对人才的吸引力，也就留不住人才，最终逐步形成缺人才、缺产业、缺配套的产业荒漠。但乡村特色产业的发展单靠留守劳动力是不行的，留守劳动力通常因顾及田间而无暇顾及自身知识素养的提高，对于所需的新知识新技术接触也较少。发展乡村特色产业需要依靠人才的到来与回归，而乡村中又无吸引人才到来的产业，如果没有外界政策驱动，农村要想发展也是较为困难的。

以重庆市林湾村为例，林湾村存在许多农村都存在的劳动力有效供给不足问题。最正式的农村劳动力大多都是45～60岁的年龄，虽然他们有相当一部分都留在村中，却是为外面打零工，而不是从事农村的产业活动，传统的种植效益较低导致劳动力大量外流。50岁以上的人群主要承担了农事生产责任，但他们大多为低学历，甚至是文盲，他们熟悉传统的农业种植，但对于现代农业、特色产业的发展等却知之甚少。因此仅靠农村的留守劳动力发展特色产业是不切实际的。要想吸引人才到农村，更多地需要从政策层面思考，提高相关产业建设人才的补贴和待遇，保障农村留得住人才。

五、资金不足问题

村民自有资金有限，财政支持力度有限，融资难、贷款贵现象突出，从自身内部或外部获取资金都存在一定的难度。资金不足的问题主要体现在自有资金不足、金融发展不完善、产权抵押融资缺乏配套支持、信贷风险缺乏补偿机制四个方面。

(一)自有资金不足

农村地区虽然获得了政策的关注与扶持,但是对于产业发展方面的帮助力度不够大,一些产业在发展的过程中会遇到资金不足的问题。农民的经济来源大多较为单一,他们主要依靠土地带来经济收入,虽然有农民选择外出打工挣钱,但所得钱财更多是用于养家糊口。一个产业的前期投入、中期运作以及后期都需要大量的资金进行支撑。由于农业生产周期长,资金周转慢,农村家庭经营的发展往往会因为投入资金的受限而无法扩大生产规模,农业产出无法增加,所获利润有限,同时由于在面对自然灾害和市场风险时呈现的弱质性,极易陷入贫困。农资成本不断上升,政府对农民种粮和购买农机的直接补贴显得杯水车薪。

多数新型农业经营主体面临基础薄弱问题,由于处于资本原始积累阶段,获取资金的主要途径是靠社员自筹、外部股金和自我资本积累,无法筹集大量股金,发展能力弱。除龙头企业外,其他新型主体的规模和实力都比较小,大多处于发展的起步阶段,发展不够规范,抵御风险能力较弱,无法发挥示范带动作用。部分合作社是空壳社和挂牌社,没有开展生产经营活动,有名无实。一些经营主体财务会计制度不健全,账目不清,自身盈利水平不高,在资金积累上存在严重困难。

(二)金融发展不完善

由于农业投入在短期内很难创造明显的经济效益,且投资风险高,利润低,金融部门的投入热情普遍不高,社会资本投入与农业发展需求相比有较大差距。近年来,县财政部门通过与金融机构合作,以财政资金作引导,撬动金融机构逐步加大了对“三农”的支持力度,开发了“新农贷”等专门服务产品,对降低偿还风险、优化审贷流程进行了积极探索。但实际操作中,农业新型经营主体缺少有效抵押物,“两权”抵押融资尚处在试点阶段，土地承包经营权、宅基地抵押价值较低，融资额度小，可用抵押质押的产品少，金融机构仍然顾虑重重。农村金融发展不完善，农业贷款限制多，农民贷款难的困境依然存在，农民获取资金的渠道匮乏。

（三）产权抵押融资缺乏配套支持

业务受理、业务审批和产权抵押办理步骤繁琐，可能出现要到不同地区进行办理的情况，大大降低了贷款办理的效率。农村产权缺乏规范的评估体系，中介机构评估价值存在不公允的“失真”现象。统一交易平台尚未建立，农村产权交易市场供求信息、价格及收益增长机制尚未真正建立起来，交易制度不成熟。土地承包经营权、农村住房、瓜果大棚等进行农村产权贷款出现风险后，没有回购部门处理后续事宜，配套支持不健全。

（四）信贷风险缺乏补偿机制

一是农业保险支持力度不够，不能有效覆盖农业生产经营风险，农业生产经营风险很容易转嫁为信贷风险。二是财政贴息、风险补偿基金等机制尚未形成。三是政府出资组建专门性农业贷款担保公司进展较慢。此外，农业项目的主管部门涉及农业、水利、林业、发改、国土等，农业项目设立比较分散。一些合作社等新型农业经营主体仍存在骗取套取政策资金的行为，或者不按规定用途使用资金，导致资金使用效益不高。

六、开放与创新问题

随着经济全球化的不确定性增大，新冠肺炎疫情对世界经济格局产生冲击，全球供应链调整重构，国际产业分工深度演化，都将对我国乡村产业链构建带来较大影响。资源要素瓶颈依然突出，资金、技术、人才向乡村流动仍有诸多障碍，资金稳定投入机制尚未建立，人才激励保障机制尚不完善，社会资本下乡动力不足，乡村网络、通讯、物流等设施薄弱，发展方式较为粗放，创新能力总体不强，外延扩张特征明显。目前，农产品加工业与农业总产值比为 2.3∶1，远低于发达国家 3.5∶1 的水平。农产品加工转化率为 67.5%，比发达国家低近 18 个百分点，产业链条延伸不充分。第一产业向后端延伸不够，第二产业向两端拓展不足，第三产业向高端开发滞后，利益联结机制不健全，小而散、小而低、小而弱问题突出，乡村产业转型升级任务艰巨。

特色产品的知名度不够，品牌宣传推广工作不足。如在网络上引起了热议的“橙子里有血丝能吃吗?”这一话题，其实这是橙子的一种品种，1992 年自意大利引进，经过多年的本地化培育已具有本地特性，但经原产地意大利专家品鉴，其品质已大大超越意大利血橙，因此正式定名为资中血橙。由此也表明还有许多人没有听说过该特色产品，资中血橙的知名度还有待提升。在现代社会，要注重对网络宣传形式的把握，展开系统的宣传。同时也要进行创新，突破技术难题。资中血橙要在中国的市场进行自由流通，深加工是必不可少的，农业烘干冷链物流体系建设目前还不够完善，要努力进行技术研发，创新推进资中血橙的发展。四川资中县正以绿色发展为方向，以市场需求为导向，打造中国血橙第一品牌，稳步拓展产业规模，培育优化品种结构，加快延伸产业链条，开发国内国际市场，全面促进果农增收，加快推进资中血橙产业现代化建设步伐。从资中血橙的现状发展可以发现目前国内国际市场还有待开发，产业链和品种结构这些都有待提升，产业现代化建设水平不足，这也是许多乡村特色产业所面临的问题。

内部的开放性不足，乡村特色产业大多是一个地方一个产品，区域之间的联动不够健全，农产品生产较为分散，各家生产出的产品质量参差不齐，最终会影响消费者对本地产品的评价。乡村特色产品的国际化水平较为不足，能够走出去的产品不多。要做精做大做强特色产业，不能只满足于有特色产业的水平。

第五节　发展乡村特色产业的思路举措

在未来要更好地发展乡村特色产业，就要坚持问题导向思维，破解遇到的各种痛点和难点。这些痛点和难点，有的是乡村产业发展中内生性的，有的则是长期以来城乡二元结构在产业上的表现。不论怎样，都需要下真功夫、动足脑筋，在充分调研的基础上，针对问题不断推进政策创新和体制机制变革，营造有利于乡村产业茁壮成长的政策土壤。针对目前存在的各种问题，可以从延伸产业链、干部带头、人力资本投资、技术发展、资金支持、成功经验输出这六个方面，因地制宜地发展适合当地的特色产业。

一、延伸产业链

近年来，我国乡村产业发展很快，但不可否认的是，乡村产业链条短、产品附加值低的问题依然十分突出。产业不强，农民增收困难，消费潜力就无法激发。因此，在发展乡村产业时必须充分认识本地优势，结合现有的产业基础，稳定增长，提高质量，选择合适的能体现特色的产业进行发展。还要纵向延伸产业链、价值链，在产业链的融合延伸中，大力推进乡村产业化经营、加快发展农产品精深加工、着力完善农产品流通、销售和品牌建设，在农业全产业链推进中可以有不同环节的收益，这也是发挥本地优势发展乡村特色产业的一大出路。

2021年，中央一号文件提出“构建现代乡村产业体系，依托乡村特色优势资源，打造农业全产业链，把产业链主体留在县城，让农民更多分享产业增值收益”。振兴乡村产业的关键和重点是发展农产品加工业。发展农产品加工业是拉长农业产业链，促进产业融合发展的关键环节。这里以河南省为例，河南省是农业大省，目前已经形成面制品、肉制品、油脂制品、乳制品、果蔬制品等农产品加工业的五大优势主导产业。河南省以种养业为基础，以加工业为龙头，以电商和文旅来提升，形成粮食加工、冷冻食品、油料加工、林果产品加工、肉类加工等产业，将三产融合发展。信阳市以文新为代表的加工企业，在拉动优质茶叶种植的同时，也传播了茶文化。规模化种植基地的田园景观，成为发展旅游农业、观光农业和休闲农业的优质资源。加工业的发展便是产业链延长的体现，也是对于目前许多地方产业存在的产业链短问题的很好启示。在延伸产业链的过程中，要普及安全知识，提高生产经营者的质量安全意识，加强日常监管，强化源头管理，严把质量关。还可以建立产业链生产、销售、监管团队，不但提高了服务质量，还吸纳了农村劳动力，促进村民的就业。

二、干部带头

乡村基层干部要发挥带头作用，认真学习相关经验，借助政策优势发展当地的特色产业。同时，也需要加强对相关责任人员的监管，有效地保障政策的落实。许多乡村青山绿水，宁静优美，具有很好的人文资源和当地潜在的产业资源，这些可贵的人文地貌资源，如能严格按照党的政策要求狠抓落实，并加以充分利用，培植适应市场与自身发展的产业特色，则可极大改变当地落后面貌。全国各地跟随政策变化，不断打造当地农村特色产业和乡土人文，不少农村也因此发生了翻天覆地的变化，乡村经济得到了快速发展，而这些经济快速发展变化的县域乡村，没有一个是靠等出来的，而是当地党员干部带领人民群众干出来的。因此要强化考核调度，把乡村特色产业作为市县党政领导班子和领导干部推进乡村振兴实绩考核的重要内容。通过上层领导干部的关注和施压，促进基层干部对发展乡村特色产业的重视，使基层干部有充足的动力主动对信息资源进行搜集和整合。

同时，要加强农村基层党组织带头人队伍建设，发挥党建引领的作用，实施村党组织带头人整体优化提升行动。现今流传的“群众富不富，关键看支部；村子强不强，要看‘领头羊’”，便是注重建好党支部、培育带头人的体现。要加大从本村致富能手、外出务工经商人员、本乡本土大学毕业生、复员退伍军人中培养选拔的力度。以县为单位，逐村摸排分析，对村党组织书记集中调整优化，全面实行县级备案管理。健全从优秀村书记中选拔乡镇领导干部、考录乡镇公务员、招聘乡镇事业编制人员机制。通过本土人才回引、院校定向培养、县乡统筹招聘等渠道，每个村储备一定数量的村级后备干部。充分发挥党对基层干部的领导作用，进而促进基层干部对村民的引领。

以莲花县湖上乡南村为例，该村在基层党组织的有力引领下，昔日的贫困村发生了巨大变化。2019 年，县里重点发展百合产业，一系列优惠补贴政策随之而来，但百合种植投入大，风险也大，一旦栽培管理不到位，将会造成不小的经济损失，为此不少村民打了退堂鼓。但村党支部认为这是一次发展村集体经济的好机会，便召集村民学政策，发动党员入户给村民做思想工作，全力发展百合产业。湖上乡顺势跟进，将南村百合基地、圳背村栀子花基地、稻虾共作基地、西山村葡萄种植基地、曾家村罗汉果基地等组成产业基地联合党支部，通过支部牵头、党员带头、能人带动，引领村民发展特色产业，使党员成为产业上名副其实的骨干。由此可见，农村富不富，关键在干部，在未来立足本地优势发展乡村特色产业上，要注重村党支部的引领带头作用，做好群众的思想工作，激发群众参与产业建设的积极性。

三、人力资本投资

人才队伍是产业发展壮大的另一个支撑点。美国经济学家西奥多·威廉·舒尔茨认为，对农业进行投入时，只依靠物质资本，引入先进的生产技术是不够的，还需要对农民人力资本进行投资。2012 年，中央一号文件首次提出大力培育“新型职业农民”，之后每年都提出要加强对新型职业农民的培育，在这一方面需要继续加强与改进。我们不仅要培训以新型职业农民为主体的实用型人才，还要培养农业科技和技能型人才，为我国农业现代化建设提供重要支撑。

在新的发展时期，乡村振兴面临最大的难题在于人才的缺乏，只有将乡村独有的资源和返乡下乡群体的创意相结合，才能促成乡村产业、人才、文化、生态和组织振兴，最终实现乡村再生。面向农村的职业教育既要遵循“以农民为本位”的政策取向培育新型职业农民，还要重视对新型农业经营主体的服务和返乡下乡群体的支持。这种支持不仅体现在物质上，还可以体现在教育培训和精神荣誉等方面，这样既可以促进他们之间的交流，还可以建立区域、城乡、校地人才交流机制，强化社会支持，同时营造良好的社会氛围。另外，要畅通城镇人力资源下乡通道，加大返乡创业就业政策的支持力度，完善与美好生活相关的基础设施、社会保障服务等，支持人才下乡、鼓励能人回乡、引导企业兴乡，为农村特色产业的发展助力。

总之，农村要注重吸引高素质人才，优化人口结构，激发创新活力，促进乡村特色产业发展。同时也要注重培养村民素质的提高，要充分尊重当地村民，让引进的人才和本地村民共同参与到产业发展中，共同进步，共同分享发展的成果。

这里试举一例：浙江省义乌市何斯路村党支部书记、村委会主任何允辉早年从落后乡村走出，在外经商，感慨于改革开放多年而家乡老百姓变化太小，他觉得有义务回来服务家乡，最重要的是要先富帮助后富，将家乡建设得更美好，于是在2008年毅然返乡。凭借经商练就的敏锐头脑，何允辉发现何斯路村现有的自然资源和人文积淀所蕴含着的巨大潜力。他认为，中国乡村的未来是需要团队用心经营的，而且要还权于民，尊重他们的财产权益，最好是通过股份的形式让每个农民都能参与到发展中来。于是在打造熏衣草庄园的时候，村民在村里即可上班，获得了经济收益，又扩大了薰衣草的种植面积。为了让更多村民参与其中，他又发动村民于2011年组建了草根休闲农业专业合作社，每个村民可享受"不花一分钱、免费享有2000股"的权益，让村民以原始股方式入股合作社，实现了全部村民入股。通过这种模式使得村集体和村民手中的水域、林园、土地、古林木、古民居等生态资源有效盘活，挖掘和提升了经济价值，年终还可按实际收益进行分红，形成"一草一木皆股份、男女老幼皆股东"的格局。

基于自身独特的文化特色资源，何斯路村决定开发文化产业。通过举办何氏家酿曲酒节，让当地有着700多年酿酒历史的酒文化重新焕发生机。此举通过文化搭台、经济唱戏，不仅使更多村民重拾何氏酒文化传统自信，还拓宽了村民的收入来源。这是人才返乡创业的一个很好的体现，同时也使得村民深化了对产业发展的认识，提高了他们的素质，使得村民有机会参与到产业发展中，共享经济发展的成果，让他们的生活质量得到了较大提高。

四、技术发展

发展乡村特色产业，要加快特色产业技术研发、落地和培训。这里以农业技术发展为例，研究表明农业技术创新能够直接推动农业科技进步，对农业和农村经济发展以及社会进步等具有积极影响。除了我们耳熟能详的新技术引进，还有许多方面也是值得我们关注的。农民是农业技术创新成果的最终使用者，农业技术研发机构要转变观念，着力于加强同农民的联系，考虑农民的技术使用需求。还要注重技术创新成果转化，科研成果要具有较强的实用性、综合性和可推广性。同时着重培养和提高农业技术人才的能力，不断完善农业科研人才引进机制、流动机制、激励机制等，构建以创新能力、科研质量和成果转化为主导的绩效评价体系，从而不断地提升农业方面技术研发成果的质量。我国农业技术创新成果应用转化依靠政府行政力量的同时，也需依靠技术的有效支撑，在技术信息传播上还可以重点利用互联网络、移动互联网络等基于现代信息技术的高效传播平台与工具，对农民进行技术教育培训，促进农民对科学施肥等技术知识的了解，提高农业技术创新成果扩散与应用的转化效率，进而促进特色产业更加高效的发展。

我们要提高特色产业的技术水平，突破产业发展瓶颈。重庆市开州区有着上千年橙子种植史，却因为果园基础弱、规模小、产量低，规模效益差，对外地客商缺乏吸引力，使得果农陷入丰产不丰收的尴尬境地。果贱伤农，由此导致很多果农只好荒废果园，选择背井离乡外出打工，于是大山里就有了很多的“留守儿童”“留守老人”。为改变这一局面，2003年开州区提出用科技打造“中国锦橙第一县”的战略目标。2009年，专注于橙汁生产的天溢森美经当地招商引资入驻。天溢森美为当地带来了先进的种植技术、改良了锦橙品种，选择走晚熟橙子的发展之路，形成了自己的发展特色。在种植方式上，该公司派出大批技术员下到一线，帮助果农解决种植中碰到的问题，指导果农科学种橙。同时制定统一的品质标准，签订收购合作协议，让果农无后顾之忧安心种橙，极大提升了果农的积极性。在发展特色产业的过程中，要注重发挥相关龙头企业的带头作用。通过龙头企业的技术支持使得乡村特色产业突破技术瓶颈，促进未来更好地发展。

五、资金支持

面对发展乡村特色产业资金不足的问题，财政要加强引导，给予适当的政策支持和补贴，对于符合村情的乡村特色产业发展要及时关注，在示范阶段财政可适时给予一定的帮扶，促进产业的发展。同时要多渠道地保障金融资金的供给，灵活财政和信贷支持，积极开展农户小额贷款业务，通过担保、入股、订单、抵押等形式，提高产业资金的投入总量，保证乡村特色产业不因资金问题而中断发展，反而因为资金有保障得到更大的发展。

村民集体的资金互助在一定程度上既可以缓解发展特色产业的资

金压力，又体现了村民之间的团结互助。互助资金组织是在贫困村建立的以“民有、民用、民享、民管”为特征，以财政扶贫资金为引导，村民按一定比例缴纳的生产发展资金。互助资金组织相对农村正规金融具有信息充分、交易成本低、担保优势等优势，是解决农民贷款难、创新扶贫管理机制、促进农业产业化的重大举措。目前，虽然我国已经全面建成小康社会，消灭了绝对贫困，但是相对贫困将长期存在，为了防止因为资金不足而导致产业破裂的现象，巩固消灭绝对贫困的发展成果，保障资金充足是很有必要的。

在脱贫攻坚时期，互助资金在互助式扶贫上作出了一定的贡献。如西丰县从 2009 年起，积极探索实行了互助金扶贫模式，将扶贫资金以互助社形式投放到贫困村滚动使用，贫困户以三到五个农户“联保”或合作社、养殖大户担保的方式，申请扶贫互助金有偿使用一年，既可以与农民合作社、养殖大户、家庭农场等农村经济组织合作，也可以自主发展致富产业项目。贫困户穆忠山身患重病，常年打针吃药，仅凭种地的收入难以维持家庭开销，生活十分艰难。后来通过互助资金他发展了肉牛养殖，圆了他的脱贫梦。同时也使扶贫资金在产业发展中起到了四两拨千斤的作用，走上了扶贫资金撬动产业、产业发展带动贫困户致富的良性发展轨道。在乡村振兴阶段，可以探索一种适合现阶段的互助资金模式，发挥资金互助的效益，使资金互助的范围不再局限于贫困村、贫困户，而是全体村民，帮助村民获取资金发展乡村特色产业，扩大生产规模，解决生活资金紧张等诸多问题，因此也要健全资金互助组织的管理机制，做好资金监管等工作，确保互助资金能弥补正规金融在农村市场的空缺，注重借款与还款的可持续性。

小额贷款是以个人或企业为核心的综合消费贷款，具有程序简单、放贷快、手续简便、还款方式灵活、贷款范围较广、贷款质量高、社会风险小等特点，在我国主要应用于服务“三农”和中小企业。小额贷款机构能有效地集中闲置资本，规范民间借贷市场，为贫困人口提供获取生产资金的渠道,使其获得自我就业和发展的就会,是被公认的有效扶贫的手段。目前,小额贷款在我国扶贫工作中已取得了显著成效,体现在扶贫到户,高还款率,高投资回报和带动妇女参与乡村建设等方面。如安溪农商银行支持安溪特色产业发展,为推动安溪“乡村美、产业兴、百姓富”,为当地特色产业提供了有力的金融支撑。安溪农商银行持续创新涉茶信贷模式,优化授信机制,提升涉茶贷款服务质效,减费让利,让茶农们更好地解决资金问题。小额贷款能有效解决村民在发展乡村特色产业上的资金问题,也是可以考虑的一个办法。但要注意对小额贷款机构的监管,保证贷款机构的合法性和正规性,降低贷款的费率,保障村民的权益。

六、成功经验输出

大力鼓励一些已经利用本地优势形成乡村特色产业的村庄输出经验,为其他村提供支持,帮助较为落后地区一同前进。例如浙江滕头村勇于承担社会责任,秉着“先富带动后富”的思想,先后在全国10多个省市建立10万亩苗圃基地,多数集中在贫困地区,有力促进了当地精准扶贫的工作。滕头园林公司坚持“扶贫攻坚要走绿色可持续发展之路”,在福建省明溪县村头村,滕头园林公司种植5000亩观赏苗木,并将花期错开,形成了“长花期、多品种、大范围”的独特花景。由此,直接拉动了当地餐饮、住宿行业的快速发展。滕头村也积极地输出发展旅游产业的经验,帮助其他村庄做生态旅游规划,有效实现了当地旅游产业的升级换代。我们可以广泛宣传乡村特色产业发展的生动事迹,营造良好的舆论氛围。我们不仅可以通过官方媒体和自媒体写推文报道,也可以通过抖音等短视频平台拍摄视频发布以进行宣传,紧跟时代潮流,用现代流行的方式进行传播。

除了网络媒体这种方式,传统纸质媒体对于产业发展成功经验的报道也不可落后。比如通过阅读《走在前列的全国美丽乡村样板村滕头村》这本书，使许多村庄可以从该书中吸取成功经验，为特色产业的发展寻找新的发展思路。通过传统纸质媒介和现代互联网的方式相结合，使得传播的范围更加广泛，让更多人可以学习，使得脱贫攻坚的经验输出效果更为理想，为乡村振兴提供一个新的样板，营造良好的发展环境，促进乡村特色产业的成长、壮大。有了良好的舆论环境，当地政府也会更好地发挥和转变其职能，提高其行政效率和服务质量，支持乡村特色产业的不断发展。

第三章　发展乡村特色产业的行动路径

乡村振兴战略振奋人心，我们要埋头苦干创造美好生活。每一个时代都有它所要面临的问题。问题是时代前进的航向，弄清时代的问题就等于把准了时代脉搏，找到了时代前行的方向。我们现在迎来了中国特色社会主义新时代，乡村建设与发展也站在了新时代的浪潮之上，我们已经弄懂弄通要走什么样的发展之路，接下来便是要学懂做通实干！

2017 年，习近平总书记在中央农村工作会议上就“三农”工作提出了一系列新理念新思想新战略的重要论述。即“八项坚持”：一是坚持加强和改善党对农村工作的领导，为“三农”发展提供坚强政治保障；二是坚持重中之重战略地位，切实把农业农村优先发展落到实处；三是坚持把推进农业供给侧结构性改革作为主线，加快推进农业农村现代化；四是坚持立足国内保障自给的方针，牢牢把握国家粮食安全主动权；五是坚持不断深化农村改革，激发农村发展新活力；六是坚持绿色生态导向，推动农业农村可持续发展；七是坚持保障和改善民生，让广大农民有更多的获得感；八是坚持遵循乡村发展规律，扎实推进美丽宜居乡村建设。这不仅是中国共产党“三农”理论创新的最新成果，也是实施乡村振兴战略、做好新时代“三农”工作的行动指南。我们工作在乡村，更要深入领会，将其贯彻到服务实践的每一次行动之中。坚定不移地走中国特色社会主义乡村振兴道路，让农业成为有奔头的产业，让农民成为有吸引力的职业，让农村成为安居乐业的美丽家园。

第一节　发挥本地优势的创新方式

一、结合村情社情，紧跟国家扶持发展政策

“三农”建设与发展无法离开国家政策的引导与支持。政策既体现了政府导向，也体现了支持力度。作为乡村建设与发展的新生产物，无论是何种形式，都要求我们必须利用政策，充分发挥国家政策的复合效应。在此，政府承担着为“三农”发展创设良好的制度环境、建设基础设施、提供基本公共服务、强化科技和人才支撑、增强可持续发展能力等方面的责任作用。

乡村建设与发展是极其复杂的系统化工程。政府部门要发挥主动引导作用，即在纵向上强化顶层设计，统一规划，通过制定相关规范和发展规划等，引导全国各地有序确定自身的发展方向。如政府召集各个涉农的机关部门，共同研讨总体规划和建设实施方案，制定出台有关规划指导、财政专项扶持性质的政策，统筹研究农业建设发展项目。各部门形成有效合力、各司其职、各计其功。在横向上协调多个部门、专业和行业力量达成友好合作，通过制定相关税收等优惠政策和措施，引导社会主体力量有序、规范、多元地参与进来。进而再发挥市场配置资源的决定性作用，政府在大范围内整合资源、有效配置，同时研究落实资源在建设中运用的具体运作机制和实现形式，充分调动各类市场主体发挥乡村本地优势、发展乡村特色产业的积极性、主动性，认真探索和确立各个环节有机衔接、有机转换、有机发展和协调运作的良好机制，有效将资金、技术、人才等要素与农村特色产业、人居环境和生态、农民生活与传统文化等优势相互补充、结合，发挥政策的积极引导和有力保障作用，推动乡村逐步实现振兴。

二、协调多方利益，以田园综合体促进发展

人口、土地、产业三者统一是乡村健康发展的基本保障。但随着我国城镇一体化发展，乡村在人口、土地、产业这三个方面的矛盾和困难愈发显现出来。乡村人口离开了土地，产业发展不依靠土地的情况日益严重，逐渐形成了人口、土地、产业三者之间相隔离的窘境，也造成了乡村的畸形发展。

田园综合体最早出现在2017年中央一号文件中。田园综合体的核心是"为农"，特色是"田园"，关键在"综合"。其定义为，田园综合体是乡村的发展平台（见表1），它建设的目标是促进乡村的发展，依赖于乡村人口、土地和产业的共同参与，协同发展，不仅需要把握每个主体的利益诉求，也需要发挥每个主体的功能和作用，是将乡村的土地资源与企业的科技、金融优势等有机结合起来的一种组织方式。是集现代农业、休闲旅游、田园社区为一体的特色小镇的乡村综合发展模式，也是在城乡融合发展格局下，顺应农村供给侧结构改革、新型产业发展，结合农村产权制度改革，实现中国乡村现代化、新型城镇化、社会经济全面发展的一种可持续性模式。

表1　田园综合体各参与主体的职能和作用

参与主体	职能和作用
农民	是田园综合体的核心和主体，也是田园综合体的主要参与者与受益者。一方面可以通过村集体参与农民合作社的经营管理与收益分配，同时参与生产，在农业、手工业、旅游业等方面创造财富；另一方面可自主管理，自觉维护农民合作社的健康发展。

续表

参与主体	职能和作用
政府	主要进行大方向的引导与掌控，发挥政策引导作用，统筹管控乡村建设与发展方向，完善各类公共服务设施与基础设施建设，落实各项政策，从行政、法律、政策建议等多方面指导村民自发管理，为田园综合体农民合作社搭建发展平台，使村庄、村民综合体在区域内形成发展基础与扶持政策的双重优势，保证村民自发管理处于法律与政策保障之内。
开发企业	是田园综合体区别于传统乡村的重要组成部分，其资金、技术优势也是田园综合体发展的关键因素。开发企业为农民合作社提供资金支持与技术指导。一方面，通过出资入股合作社，为其各类产业的发展与设施的建设提供资金支持；另一方面，通过专业化的管理与科学的市场分析指导农民合作社的发展方向，引导产业健康发展。
村集体	是农民的另一种身份体现，是农民合作社与农民间联系的桥梁纽带，是乡村土地的所有者，关注村庄的发展和收益，通过土地入股田园综合体农民合作社，使农民与村集体享有对合作社的管理权与收益权。农民通过村集体对合作社持股并进行管理，激发农民的主人翁意识。也是村民自发管理的工具和桥梁，在管理过程中需要进行共同商议决定，同时也与政府、开发企业进行沟通协调等。
农民合作社	是田园综合体的实际主体，也是四方参与者的管理代表。通过农民合作社集合政府、农民、村集体与企业的优质资源，推动田园综合体的健康发展。

田园综合体是由政府、农民、村集体与开发企业四个组织主体参与的，围绕着田园综合体农民合作社，形成一个有政策、资金、技术优势，村民可参与、授予的合作组织，也以农民合作社为平台展开田园综合体的建设与经营。农民合作社也是一个以农民为主体的合作组织，需要充分发挥农民的主体地位，同时也发挥村集体的共同决议，利用开发企业和政府对合作社管理运营的指导作用，形成以农民为主、多方合作的管理模式。同时，它还是“既要绿水青山也要金山银山”的有益探索，是集生产、生活、生态及生命的综合体。田园综合体的建设和发展既需要社会

经济发展，也需要保护好绿水青山，走绿色发展、生态美好的道路。

以台湾田园综合体为例。台湾政府部门直接参与“田园综合体”的规划和指导工作。农政部门负责对休闲农业的管理和咨询，为其提供补助经费和贷款，还及时地出台各种相关配套的法规和管理办法，形成一整套的申报审批制度，从省一级到市、县、区、乡镇甚至细化到农场、农户，大到规划设计了近期、中期、远期的安排，内容涵盖指导思想、市场定位、开发原则、项目设置、经费预算、效益分析等，使得休闲农业的各项工作逐步走向正规化和程序化，有力地推动休闲农业的发展。所以在区域规划方面，台湾的每个休闲农场都是精心规划、精心设计和精心施工的，所有房子的建造以及住宿都尽可能挖掘当地的资源优势，如温泉、草场、溪流、大海、岩石和古树等，都极其富有独特的风格特色，而且还是点线面串联起来的营销模式，更加有助于当地的旅行社进行设计旅游线路，分类营销。如苗栗县南庄乡休闲民宿区依托当地近 80 家乡村民宿资源，自发将村子里具有百年历史的桂花小巷开发成特色旅游街，不仅能让游客观光旅游体验农家风貌，而且还能较全面地感受地方特色的客家文化，甚至还带动了当地的特色餐饮、特色风味小吃、特色手工艺品等相关产业的发展。当然，政府并不是包办了一切，只是在发展初期，田园综合体的推动离不开政府部门的大力引导和促进。

台湾的田园综合体特别注重发掘本土的历史文化与当地的特色资源，如草织、藤编、雕刻、手工艺品、地方舞蹈、戏剧、音乐、传说等，再借助当地的材料进行包装，由此打造出地方特色品牌。如桃米村，它自身蕴藏着丰富的生态资源。台湾有 29 个原生品种的青蛙，桃米村就有 23 个品种；全岛有 143 个品种的蜻蜓，桃米村就发现了 56 种。因此，桃米村积极发掘自身资源的潜力，将青蛙和蜻蜓设计为可爱的卡通形象来作为标志物宣传，遍布乡村各个醒目的位置，还鼓励村民亲自动手，用纸、布、石头等原生态材料制作姿态各异的昆虫手工艺品，最终推动桃米村从一个“死气沉沉”的地震废墟变成了远近闻名的昆虫生态文化体验休闲区。

再比如南投县信义乡农会尝试引入返乡的知识青年，依托本地自产的梅子，设计出几十种特色产品，加以创意包装，使其成为了当地最具有特色的农特产品和最受欢迎的旅游手信。

此外，发育较为成熟的行业组织、完善的服务体系都是产业健康发展的保障。比如，台北市农会成立专项的辅导小组，一同按照一乡镇一休闲农渔区计划，来研究台北市 20 家的市民公园转为休闲农场的可能性。又如，台湾农业策略联盟发展协会和台北市农会联合开展农业休闲旅游，与 100 多家的休闲农场结盟，打包推销优惠休闲游。同时，经营休闲农场的从业者也组织成立休闲农业发展协会，组织多场交流活动，不断推动休闲农业走向精细的专业化分工。再比如，不少专家学者还通过承担大量的规划、咨询、调查和评鉴工作，为政府管理者、企业经营者提供源源不断的智力支持，还与企业经营者建立密切的联系，将理论与实践相结合，做到理论研究不空谈、实践发展不乱干。台湾田园综合体的建设和发展充分依靠行业协会、旅游公司、高校、农村专业经济合作社组织等形式，不断引导当地休闲农业的经营者、从业者和创业者按照“自愿、联合、规范、自律”等原则联合起来，多元协力发展台湾的乡村旅游和休闲农业。

田园综合体以乡村活化和再造为指引，借助多元资源的整合、创造等作用，不断在自身建设与发展的进程中注入新生力量和鲜活动力，这不仅重新激活了农民的价值和认同的归属，还实现了乡村与城市、传统与现代、生产与生活，乃至于三大产业的有机结合，让农民共享发展成果，让农业焕发时代生机，更让农村留有美丽的自然风光。

三、开拓乡村旅游，打造向往的生活

大力发展乡村旅游是社会主义新农村建设的重要组成部分，是加快城乡经济统筹发展、实现产业联动和以城带乡的重要途径，更是对加快统筹城乡发展、拓宽农民就业机会、增收渠道、促进农村精神文明建设等具有极为重要的意义。大力发展乡村旅游既是推动历史文化的传承与发展，因地制宜，深入挖掘乡村的传统文化历史内涵，将历史文化的“命根子”、风土人情的“味道儿”、景观再造的“土味儿”挥洒得淋漓尽致；同时也是立足于当下和未来，选取一些具有代表性的古建筑元素的房子和可以展现风貌的物质载体来对传统生活样貌的场景再现、历史建筑风格的有机复原等，地方特色民俗活动的如期举办其实是在传承中找寻创新的新机，也是在发展乡村旅游业的无限可能，并不断将其培育成极具特色的优势产业，也能进一步实现乡村旅游的产业特色化、发展产业化、服务规范化以及效益多元化。

“住在农家房、吃上农家饭、下田干农家活、齐享农家乐”是现当代乡村旅游的标准套餐，也是未来乡村旅游不断朝向的观光、康乐、教育、休闲等多元一体的综合型发展方向。由此看来，乡村旅游并不能单纯地被理解为简单的农业资源开发，而是要借助现有旅游资源的魅力，充分开发区域内其他经济、文化、生活、习俗等资源，如古建民居、历史街区以及民间工艺等有形的物质载体，或是包括如民族艺术、空间环境及节事活动等无形的文化载体，多元结合，如与乡村扶贫相结合、与小城镇建设相结合、与资源保护、生态打造等相结合，走一条资源共享、共同发展和可持续的道路。

国外也有一些与乡村旅游相关的主题形式，如：农业旅游、农庄旅游、绿色旅游、偏远乡村的传统文化和民俗文化旅游和外围区域的旅游等。而国内的乡村旅游类型大抵可以分为以下四大类：一是以绿色景观和田园风光为主题的观光型乡村旅游；二是以农庄或农场旅游为主题的科教文乐综合型乡村旅游；三是以乡村传统风俗、民族风情以及乡土文化为主题的文化传承型乡村旅游；四是以康体疗养和健身娱乐为主题的康乐型乡村旅游。

陕西省礼泉县袁家村模式便是文化传承型乡村旅游的典范。它是中国推行乡村旅游的先行者，更是先锋者，中国社会科学院发布的《2016

中国乡村旅游发展指数报告》将其评为“中国乡村旅游第一村”。接下来，以袁家村为例，具体阐述该村是如何发挥本地优势、创新乡村发展道路使之成为现如今的“乡村旅游第一村”。袁家村位于陕西省礼泉县北部，是礼泉县最小的村子。但其交通便利发达，福银高速、关中环线、唐昭陵旅游专线依村而过，自身的历史文化底蕴异常深厚。早在20世纪70年代，袁家村就已是陕西省农业战线的一面旗帜了。到了村集体办企业的八十年代，袁家村也是走在全省前列的先进乡村。2007年，国家提倡“城乡统筹发展”，并逐步探索乡村旅游规划和发展模式。同期在陕西省、市、县各级领导的正确指导下，袁家村依托自身资源优势，挖掘民俗文化，专注于袁家村本来的样貌，专注于袁家村自身资源，探索性地走出了一条新路：发展乡村特色旅游。经过发展，吸纳了800多名乡村创客，吸纳就业3000多人，带动周边万余名农民增收致富，年接待游客量达500万人次以上，年度旅游收入超过5亿元，村民人均纯收入达10万元以上，逐渐成为全省乃至全国最受欢迎的乡村旅游村。

那么，袁家村是怎么做的呢？简而言之，首先，袁家村以关中饮食、关中建筑、关中民俗为旅游卖点来吸引游客，同时在景区内打造康庄老街，在街上对陕西地区的一些传统工艺（如纺布、磨面、榨油、酿醋等）做集中展示，并在延伸出的小吃街售卖不同种类的陕西尤其是关中地区的特色美食，深耕区域乡村旅游市场。其次，袁家村关注到白天与黑夜的客流量差距甚大的问题，于是集中解决“怎么能留住人”的乡村旅游困境。这不仅有序地建设了客栈区域，还为乡村“夜生活”做了配套建设，逐步实现了白天热闹非凡并且夜晚热闹依旧的袁家村的初步设想。其次，袁家村一直随着乡村旅游的发展速度不断更新着乡村旅游发展的业态和服务项目。村书记为了提高村民的文化素质，特地在村里组建“农民学校”和“袁家村夜校”，借助教育的形式来统一解决和提高袁家村发展过程中遇到的思想、教育、服务等诸多方面的问题。

袁家村的成功不是一蹴而就的，可以将其简单归纳为以村民为本、全村团结协作以及打造特色品牌三大方面。在乡村旅游整体建设与发展的过程中,袁家村始终坚持村民的主体地位不动摇,袁家村自身就是景区,每户人家都是观光景点,村景一体。以"全民皆兵"模式,即农户自己经营老字号、农家饭,农民也还住在原地,极大保留农村原生态,如借助打造农民创业平台对村民进行培训,让农户得以低成本或是无成本进入袁家村经营;还成立农民合作社,通过小吃街合作社、粉条合作社、酸奶合作社、豆腐合作社等避免村民个体经营的盲目性和分散化,实现全民参与、股份共享、利益均衡,不断形成"你中有我、我中有你"的发展新格局。还借助对本地优势项目产业化运作,注重发挥本地优势,对本地优势充分地"做大做强",虽倚靠旅游业吸引游客,但同时推广销售当地的农副产品,带动第二产业的加工,由加工产量的发展倒逼第一产业的种养殖发展,以第三产业带动第二产业,进而拓宽第一产业的建设思路,不仅开创了乡村产业"逆向发展"的新模式,更是以乡村旅游为起点实现推动第一、二、三产业的有机融合。袁家村人富有极其强烈的危机意识,因而在发展乡村旅游的同时,袁家村人还有自己的一套"进城计划",在西安开设"袁家村城市体验店",出去的每一个店都是农民合作社的形式,一来既可以把袁家村的农副产品带出西安,二来西安人乃至全国的游客都能便捷地购买到袁家村品牌的农副产品。袁家村 11 年乡村旅游之路的探索经验来之不易,它早就成了"民俗文化、乡村旅游"的代名词。它依托并创新乡村旅游,采取"党支部+合作社+乡村旅游"的方式,通过公司带动、让利投资入股、搭建创业平台、拓展就业岗位四种脱贫路径,把周边村 200 户 600 余名贫困群众镶嵌在旅游业链条上,形成"一村带十村"效应。在打造当地特色民俗旅游的同时,还衍生出由特色农副产品发展形成的乡村产业链,以"产业带旅游,旅游再带产业",在大城市大景区下打造地域性的民俗文化体验景区,积极探索新的发展模式,打造出陕西民俗文化旅游第一品牌、陕西乡村度假第一品牌等多个著名品牌。

第二节　发展乡村特色产业的机遇分析

一、市民下乡是发展乡村特色产业的重要力量

从历史的角度看，市民下乡有必然性。人类社会的发展有共同规律。从发达国家的城镇化历程看：第一阶段是工业化带动从农村到城市的聚集，第二阶段是城市持续扩大和城市病的蔓延，第三阶段是城市人口逐步向郊区小城镇和乡村疏解。目前发达国家相当多的企业、居民都位于郊区和乡村，特别是市民下乡非常普遍，极大带动了乡村基础设施和乡村产业的发展。

从发展的角度看，市民下乡有迫切性。随着我国城市富裕阶层的壮大，根植于中国传统文化基因中的田园生活梦想被快速点燃。虽然现行政策限制市民到农村，但仍然有不少市民愿意承担法律风险和配套功能设施的不足，与农民私下交易。人民群众对美好生活的向往是我们的奋斗目标。回归自然，享有乡村的生活休闲空间，代表着更高远的生活方式和生活理想，是中国梦的重要体现。

对于市民下乡和农民改善生活的“双向良性需求”，由于政策限制无法形成有效供给，应该按照“供给侧改革”和消费升级的要求，进行有效疏导。特别是结合当前农村改革发展、拉动经济增长、扶贫开发等重大任务，通过以市民下乡为抓手的城乡一体化建设，可以极大催生市民阶层的投资消费热情，释放出巨大的经济增长能量，进而推动当地乡村特色产业快速发展，发挥出市民应有的作用。

2017 年，湖北省武汉市出台了《关于开展“市民下乡、村民进城”活动加快新农村建设的支持措施(暂行)》。该政策鼓励将农村空闲农房充分利用起来，以租赁、合作等方式开展创业创意、休闲养老养生，实现增加

农村集体经济组织和农民财产性收入。内容涵盖20条具体的支持政策，也被称之为“黄金20条”。“黄金20条”明确了对经农村集体经济组织同意的闲置农房出租，并且对合规性审查设置了限期；将农村闲置农房以租赁、合作方式发展农家乐且协议期在三年以上的，最高可获得5万元的奖补资金；如若租赁农村空闲农房组建乡村休闲游合作社发展休闲农业，规模达到一定标准的合作社还可获得10万元的一次性奖励。面对11余万套闲置农房的现状，武汉市因此而出台政策措施来鼓励市民下乡，一来市民下乡租赁农房开发利用的形式，实现了对农村土地资源的有效盘活和利用；二来打通城乡回流的通道，为乡村发展注入了新的活力；三来使得过去被废弃、被拆除的乡村古建筑、古民居、山水景色等被“救活”，使得本地资源性资产成为了乡村的无价之宝。

2017年，海南省人民政府在《关于以发展共享农庄为抓手建设美丽乡村的指导意见》中明确提出，鼓励市民下乡参与建设“共享农庄”。鼓励能人回乡、企业家下乡、知识分子下乡、市民下乡，以租赁、合作方式利用农村空闲农房创业创意、休闲养老养生、乡村办公，发展“共享农庄”。对以租赁合作方式利用空闲农房，建设“共享农庄”配套民宿设施、组建乡村休闲游合作社发展休闲农业、开展休闲养老、创业创新、开展农村电子商务、带动贫困户脱贫的，由市县政府按照一定标准给予奖励补助，其用水用电价格则给予当地农村居民同等价格。对发展“共享农庄”中的基础设施和公共服务设施项目给予奖励补助。对市民下乡租赁空闲农房创业创新的，优先安排开展新型职业农民培育工程，给予农业科技示范户待遇，享受贷款贴息。鼓励市民下乡租赁空闲农房兴建老年人互助照料中心，经验收达标后，给予一次性建设补贴。

随着我国城乡发展一体化迈出新步伐，乡村各项事业发展达到新水平，乡村教育、文化、卫生事业快速发展，水、电、路建设全面提速，人居环境整治全面展开，乡村社会不断焕发出新的气象。我国乡村建设与发展也由此提前迈入了新的发展阶段，站在了新的历史起跑线上。

二、新兴业态是发展乡村特色产业的时代机遇

乡村振兴，产业兴旺是基础。田园综合体、共享农庄、休闲农业、乡村旅游等都是新时代乡村特色产业的重要组成部分，不仅是农村第一、二、三产业融合式发展的天然体，也是兼容生产、生活和生态的新兴产业、新兴业态和新兴活力。建设和发展乡村特色产业的新兴业态，这不仅能成为将“绿水青山”转化为“金山银山”的金扁担，即以农民为建设主体，以农村为建设场地，充分发挥小农户和集体经济组织的参与作用，也能有效地发挥社会资本的注入作用，充分挖掘农业的更多可能，还能实现“老树开新花”，让乡村的资源优势转变为经济优势，让土地“有赚头”、农业“有干头”、农民“有奔头”，真正成为“好山好水好风光”的乡村，也为乡村振兴注入新的动能。

自 2018 年，中国农业农村部和财政部共同启动实施农业产业强镇和绿色循环优质高效特色产业项目，中央财政安排 70 余亿元，支持 500 多个乡镇和 60 余个县(市)发展特色产业，推进产业集群发展。截至目前，共创建全国休闲农业和乡村旅游示范县(市)近 400 个，推介中国美丽休闲乡村 700 余个，农业产业化龙头企业近 9 万家，其中国家重点龙头企业 1200 余家，注册登记农民合作社 200 多万家，家庭农场近 60 万个。在行动上践行发展乡村本土特色产业的同时，还坚持规划引领，农业农村部期望未来借助《全国乡村特色产业发展规划(2019－2025 年)》的编制和印发来进一步明确乡村特色产业发展思路目标、重点产品、区域布局、保障措施，鼓励全国各地以当地资源禀赋和独特历史文化为基础，制定乡村特色产业发展规划，引导更多资源、技术向优势区域集中，有序开发本土优势和特色资源，加快建设一批有特色、有规模、有品牌的乡村特色产业基地或产业集群。

发展乡村特色产业要坚持“一个围绕，两个紧扣，三个突出，三个着力提升”来整体推进新兴业态的建设与发展。即：“一个围绕”是指围绕

发展现代农业，借助现代科技、管理要素和服务手段等方式来逐步实现传统乡村在生产、经营、管理和服务上的现代化创新。“两个紧扣”是指既紧扣乡村产业振兴，让农业经营成为有效益、有奔头的产业，让农村成为留得住人、安居乐业的美丽家园；又紧扣农民持续增收，让农民足不出户就能获得稳定收益，实现自身价值的提升和经营收入的增长。“三个突出”则是指突出特色化，在立足当地资源、区位要素和传统优势之上打造特色突出、主题鲜明的休闲旅游产品；突出差异化，因地制宜地建设和发展与众不同的景观和体验；突出多样化，通过设立针对不同消费需求的产品，从而满足消费者的个性化需求，实现休闲旅游产品的异彩纷呈。“三个着力提升”指的是：其一着力提升配套设施水平，加强和完善乡村旅游基础设施建设的人性化、便利化和快捷化的程度水平。其二是着力提升服务水平，创造和满足游客休闲、观光、体验等增值服务，实现“玩得放心、住得安心和花得舒心”。其三是着力提升管理水平，有效引进农业、旅游、人力、财务等多领域人才，实现质量效率同步提升。

诚然，新兴业态是发展乡村特色产业的时代机遇。新兴业态的建设与发展需要挖掘乡村固有和潜在的本土价值，推动“农业＋”产业发展，实现了从单纯的种植生产向多元发展转变，催生了创意农业、教育农园、消费体验、民宿服务、康养农业等新产业新业态，自然而然地将农业生产、产品加工和乡村服务等一、二、三产业融合发展。与此同时，还需要激活乡村内生和外生的发展活力，开辟“农民＋”增收致富渠道，实现从单纯的兜售农副产品向销售“风土人文”转变，在生产更多优质原生态的农产品之余，还要创造性地生产和加工创意产品、特色服务和农事体验等，让乡村在被开发出“稻田湿地、油菜花海、草原绿地、森林氧吧和河流海洋”等绿色价值之上，实现空气变人气、叶子变票子、风情变因子。另外，还需凝聚乡村本土人气，开创高品质生活，实现从单纯的村民居住向农民市民一起居住的转变。需要注意的是，要注重聚集乡村自生和外来的资源要素，将产业融合、资源整合和功能聚合有效发生合力，实现单向流动向双向、多向流动转变，不仅可以吸引外出务工人员回流乡村就地就近就业，带动人财物等资源要素从城市逆向流回乡村，还可吸引外来人才下乡进村创业发展，将智创、文创、农创和现代科技、理念等引进乡村，促进农民和市民互动参与、城市和乡村融合发展。

三、生态文明是发展乡村特色产业的重要引领

乡村建设与发展的后劲在于改善生态环境。生态环境是广大农民赖以生存、发展生产、振兴经济的基本条件，也是增强农业发展后劲，实现农业现代化的物质基础。人与自然、社会经济发展与自然生态系统协调发展更是促进生态文明的重要时代课题。

生态兴则文明兴，生态衰则文明衰。纵览历史，我国从未像现在这样既面临着巨大的生态环境压力，又迎来了全面、广泛、深刻的生态文明建设变革，形成了以建成美丽中国为核心的全新治理目标。建设美丽中国，关键在于建设美丽乡村。中央一号文件《中共中央国务院关于实施乡村振兴战略的意见》对实施乡村振兴战略进行了重大部署，要求“把乡村建设成为幸福美丽新家园”。习近平总书记强调指出：“中国要强，农业必须强；中国要美，农村必须美；中国要富，农民必须富。”将农村美与农业强、农民富联系起来，充分显示出以习近平总书记为核心的党中央对建设美丽乡村的坚定信念，对造福全体农民的坚强决心。因此，我们必须以习近平生态文明思想为指导，注重保护生态环境，发展绿色产业，优化村镇布局，改善安居条件，培育文明乡风，建设产业兴旺、生态宜居、乡风文明、治理有效、生活富裕的社会主义美丽乡村。

乡村生态环境的恶化与不合理的农业产业结构有着密切的关系，虽然我国乡村有着丰富的农业资源，而且农业特色鲜明，但总的来看，大量的特色资源却并没有形成产业化，存在生产规模小、企业数量少、科技含量不高、产品开发力度不够、对资源的利用率低，满足于中低端产业供给，即使是生态本底非常好的农村地区，对特色农业资源的开发也处于

非常原始的初步阶段，这种粗放式的农业发展方式给农村生态环境带来了巨大的压力。进入新时代，在绿色发展理念的指引下，乡村生态文明建设一定要与推进农业产业结构的优化相结合，充分利用乡村农业特色资源，大力发展乡村特色产业。一方面要加强生态功能区保护工作，根据各生态功能区的实际情况划定好生态保护红线，实施生态系统综合管理，严格管制各类开发活动；提高生态环境准入门槛，严禁不符合主体功能定位的产业项目进入，对于不适合主体功能定位的现有产业，予以转移或淘汰，并对生态功能区进行相应的生态补偿。另一方面要围绕资源资产化、资产资本化、资本证券化，充分分析国内外市场对农产品的现实需求及其变化趋势，依托本地丰富的生态资源，催生一批特色农业产业，并着力做好特色产业发展文章，加快构建现代产业体系，使乡村特色产业发展更充分、更全面、更安全，真正形成各具特色、优势互补的乡村产业结构，真正提高乡村经济发展的质量和效益，实现乡村的高质量发展。

如浙江省宁波市奉化滕头村，它是一个人与社会、生态、经济协调发展的村庄，以“生态农业”“立体农业”“碧水蓝天”“绿化工程”形成别具一格的生态旅游区而闻名海外。1998 年，滕头村将生态旅游当做发展性产业来建设。2001 年，滕头村获得“国家首批 4A 级旅游景区”称号。2007 年，滕头村荣获联合国授予的“世界十佳和谐乡村”称号，也被国家评为“全国绿色指数第一村”。2010 年 4 月，又被国家旅游局授予“5A 级旅游景区”称号。此后滕头村大力推动以游促村、“三农一体”“三生”互促等方式，积极探索形成“景区＋村庄”“生态＋文化”的乡村旅游新格局，将整个村庄打造成为“处处是景区、家家是景点、人人是景色、时时有景致”的全国首家 5A 级乡村旅游景区。2018 年，滕头村实现了旅游收入达 1.7亿元。滕头村成为中国乃至世界各国乡村建设、乡村发展的典范。

又如浙江省嘉兴市嘉善县西塘古镇，以打造原生态的江南古镇为目标，保留原汁原味的江南气息、原生态风貌和传统生活脉络，充分对古镇文化旅游建设与发展的整体性、长期性和基本性问题进行统筹考量。西塘古镇对旅游景点的文化内涵不断进行发掘和丰富，如在原有单一的古建筑载体上新开设了西塘平民文化展示馆、西塘名人馆等具有教育性、展示性的博物馆，充分打造出以展馆为载体，集中展示西塘的建筑、饮食、儒商文化、名人等方面，并加之以图片、文字、音视频等可视化形式，实现从观光式旅游到体验式旅游的发展转变。截至目前，西塘古镇共抢救近25万平方米的明、清、民国时期的古建筑。2017年，西塘古镇通过了国家5A级乡村旅游景区的评审。

再如福建省宁德市屏南县，曾经是国家级贫困县，现经过深度的山水改造后，将梯田进行生态化修整，即使有大暴雨来袭，形成的山洪也能从村中间一直往下到池塘的梯田，排水十分顺畅，显示出合理利用生态环境的景象。且在梯田地势较低的稻田里还发展着稻田养鱼、养虾，营造和发展粮食和动物共生的立体生态农业体系，也吸引了各地来此的市民承包土地、下田插秧，与村民一起承担作为生产者的风险，一同实现真正意义上的生态文明转型。

搞好生态文明建设与发展，不仅是保持“三农”持续稳定发展，增强发展后劲的一项重要措施。在乡村的建设与发展中，决不能以偏概全，决不经济优先，决不污染环境，还要以绿色生态等多视角介入乡村，共同探寻助力乡村振兴的可行性和实现路径。

第三节　发展乡村特色产业的新路径

一、将共享经济理念融入乡村建设之中

有人说，“共享农场就是把共享经济的理念，带到农村经营中去，打造出一个大联盟”。这个大联盟涵盖了消费者、农场、线上以及线下的渠

道和市场。2017 年，国家出台允许包括北京在内的 13 所城市开展试点集体土地建设租赁住房政策，打造泛都市圈“共享农场”“共享农庄”项目。

2018 年，国家重点扶持“共享农庄”。将发展“共享农庄”和脱贫攻坚紧密结合起来，探索利用“共享农庄”的发展理念进行新时代乡村建设，借助产品认养、代管代种、自行耕作、房屋租赁等多种形式，有效联结了消费者、生产者与土地，以及线上和线下。于政府而言，其实现了将乡村的闲置资源和城市的消费需求之间进行最大化、最优化的重新匹配，也将不确定的流动性转化为了稳定化的联结，间接地缩短了城乡之间的差距。对于农庄、农户和农民来说，其借助产品认养、托管代种、自行耕种以及房屋租赁等多种方式，有效降低经营风险、提升产品附加值，实现与用户建立强连接和订单式服务。对于城市消费者而言，农庄生活好比介入城市生活与乡村生活之间的“第三种生活”，有着一种独特的魅力。

以海南省为例，海南“共享农庄”是指以农民合作社、农村集体经济组织等为主要载体，以各类资本组成的混合所有制企业为建设运营主体，以信息技术为支撑，以农业和民宿共享为主要特征，集循环农业、创意农业、农事体验、服务功能于一体，让农民充分参与和受益的乡村振兴综合经营发展模式。

2017 年，海南省人民政府大力发展农业共享经济，试点“共享农庄”建设工作，确定了 60 余家的试点共享农庄。其大力支持有条件的村庄、农场、基地等加强自身基础设施、产业支撑、公共服务、环境风貌建设，使农民转变为参股股民、农房转变成为客房、农产品现货转变成为期货、消费者转变成为投资者，实现农民增收、农业增效、农村增美，实现农村生产生活生态“三生同步”、一二三产业“三产融合”、农业文化旅游“三位一体”，积极探索推进农村经济社会全面发展的新模式、新业态、新路径。（见表 2）

表2　各具特色的"共享农庄"

类型	内　涵
文化创意型	立足特色资源，树立文创理念，吸引各类艺术家、创客利用品牌设计、故事挖掘、艺术再造、农业科普等文创艺术方式，打造集人文要素、生态要素、科技要素、创意要素于一体的特色农庄。
投资回报型	消费者及投资主体通过众筹等方式募集资金用于发展"共享农庄"，农庄为消费者及投资者提供农资供应、技术指导、托管代种代养、产品销售等配套服务，消费者及投资者按约定获得实物或投资收益回报。
休闲养生型	鼓励农村集体组织和农民以出租、合作等方式盘活利用空闲农房和宅基地，发展特色民宿客栈，吸引消费者前往农庄休闲养生度假，为美丽乡村提供产业支撑，使农庄和美丽乡村成为既有"面子"、又有"里子"的田园综合体。打造"民宿＋农地"休闲养生产品，将农庄农地按一定面积或农作物按一定数量分块，把经营权租赁给当地农民、城市居民，用于农业生产或农事体验。
扶贫济困型	引导消费者及投资主体与贫困村或贫困户直接对接，消费者认养贫困户的农作物或者承租贫困户的农地、农房，贫困户通过出租土地、房产或以土地、房产入股获得财产性收入以及通过打理农庄获得务工收入，打造贫困户和消费者利益共同体，实现贫困户持续稳定增收。
产品订制型	以个人订制和团购订制等形式，为消费者提供海南热带特色农产品认养、直供等订制服务。对消费者认养的农作物建立档案，佩戴标识，严格按照约定标准进行生产，并确保消费者可现场或以视频等方式实时查看生长情况。产品成熟后，按照消费者的要求进行个性化包装、处置，既可以配送到指定地点，也可以进行代销，将销售收入返还消费者。鼓励省外大型农产品批发市场、菜篮子集团、酒店、企业、学校等机构直接投资"共享农庄"，建立产地与消费者之间稳定的直销关系，推动解决本地农产品价格波动大、滞销等问题。

海南省白沙黎族自治县七坊镇阿罗多甘共享农庄，便是以休闲养生型、产品订制型和文化创意型为当地特色优势打造黎族风情的旅游基地。结合集中和分散两种模式，有效利用项目的建设用地和老百姓的闲置房屋进行统一装修、集中运营，发展林下农业和旅游业，实现覆盖周边7个自然村400余户1900多人，其中贫困户200余户800多人。2017

年、2018 年和 2019 年，项目三年产业分红共 320 万元，辐射白沙县 8 个乡镇 760 余户 3000 多人；2020 年，项目每年将继续发放产业分红资金不低于 120 万元；预计 2021 年到 2026 年，每年计提不低于 10%的利润作为扶贫帮扶基金。

（一）农为底色，发展兴农

海南省人民政府要求各地在开展“共享农庄”建设中坚持“农地农用”原则，优先考虑利用贫困村宅基地或集体建设用地；在结合农业特色的基础上发展现代农业，优先考虑核心区域集中成片，且发展潜力较大的区域；在保留农村原有风貌的基础上挖掘当地农业的多元属性，优先考虑农庄主题突出，比较优势明显；在“保护绿水青山”的基础上建设“金山银山”，优先考虑生态环境友好，发展农业生产绿色清洁。如实现“农旅文”深度融合，实现农庄的区域布局、生态发展和经济业态分布均能与农业农民达成有机融合，以农促旅、以旅强农、以文创促销售树品牌；构建出企业、合作社和农民利益联结机制，企业或农民合作社从农民手中租用土地、房屋等，而后带动农户参与建设经营农庄，如在农庄务工，或是承包农庄的生产管理和其他订制服务，帮助农民获得地租、劳务、入股分红、品牌溢价等多种收入。

（二）市场主导，多元参与

海南省人民政府要求各地因地制宜，根据本地优势和市场需求，按照政府引导、企业参与、市场化运作的要求，妥善处理政府、企业和农民三者之间的关系。同时，创新发展模式、管理方式和服务手段（见表 3），循序渐进地全面激活市场、要素以及主体，调动多元主体协同建设、发展“共享农庄”的积极性、主动性和可为性。市场发挥的主导作用主要体现在以下方面：一是发挥企业、村集体组织、农民合作社及其他市场主体在“共享农庄”建设、发展和实体运营中的作用。鼓励企业按照“企业＋农民”或“企业＋农民合作社＋农民”的模式，通过股份合作、租赁等方式来整合农民的土地、房屋等资源，或是利用企业自身土地、房屋资源来进行

“共享农庄”的开发建设经营。二是借助合作化、组织化等方式促进多元主体共同参与，实现在“共享农庄”发展中的共同受益，如利益分配、提供就业、开发资源等。鼓励农村经济组织将发展“共享农庄”作为探索集体经济的一个重要途径，发展多种形式的股份合作，带动村集体更多的成员参与到“共享农庄”中来，有效地增强和壮大集体经济的发展活力和实力，让农民分享集体经济发展和农村改革成果。

表3　“共享农庄”的开发建设模式

名称	定　义
整村综合开发模式	由企业或农民合作社对整村进行统一规划、统一建设，利用村庄整治、宅基地整理等节约的建设用地和“四荒地”、厂矿废弃地、砖瓦窑废弃地、道路改线废弃地、闲置校舍、村庄空闲地等建设民宿和其他相应设施，民宿可以出租，民宿的全部或部分经营权、股权可以转让；将整村农用地进行统一规模化生产经营，消费者可以租赁农用地经营权或认养农作物，企业或农民合作社为消费者提供系列服务。
村庄农房改造升级开发模式	由企业或农民合作社将村庄现有房屋进行改造升级，其房屋可以出租。将村庄部分农用地进行统一生产经营，消费者可以租赁农用地经营权或认养农作物，企业或农民合作社为消费者提供系列服务。
基地开发模式	企业或农民合作社利用农业基地内农业附属设施用地等建设管理用房，或利用基地已有的建设用地建设民宿，民宿可以出租，民宿的全部或部分经营权、股权可以转让。消费者可以租赁农用地经营权或认养农作物，企业或农民合作社为消费者提供系列服务。

如海南省文昌市潭牛镇大庙村依托自身的原生态自然风光，在当地政府实施土地整治项目进一步完善了村庄的农田水利设施以及田园环境基础设施的前提下，大庙村推动村中部分的集体经营性建设用地入市，引进企业对村内闲置宅基地及老旧房屋进行改造升级，大力发展乡村休闲旅游产业。同时，还鼓励村民们将现有产业积极融入到美丽乡村的建设当中，发展“采摘游”等新业态，即游客可以到槟榔林、共享农田里

体验种植采摘的乐趣；到小河边垂钓，赏荷塘月色；品尝文昌鸡等特色美食，购买土特产等，创新了大庙村的市场发展活力。

（三）文化定调，有序发展

海南省人民政府要求各地在建设“共享农庄”时应当坚持彰显文化，以自然村落、特色片区为开发单元，借助多种形式来挖掘、利用和展示海南村落文化、特色民居、红色文化、黎苗文化、农耕文化等，有机融合展示海南当地的人文风情、习俗魅力，力求打造“当代精品、后世文物”。

海南省创造性地提出建设“共享农庄”的新发展思路，以发展“共享农庄”为抓手建设田园综合体和美丽乡村。自 2017 年“共享农庄”工作推进以来，已有 61 家“共享农庄”成为试点建设单位，它们分布在海南各市县，其中海口 7 家、三亚 6 家，其余市县 2～4 家不等。总投资超过 1 亿元的有 10 个以上，最大投资额达到了 68 亿元；有 30 个农庄的面积超过 1000 亩，其中最大的农庄面积超过 16000 亩；主营农产品种类超过百个。农庄的定位大多以现代化的种植或养殖为依托，以“绿色农业＋旅居康养”为主题，集休闲、旅游、观光、体验为一体的经验模式。此外，海南省人民政府还联合省农业厅、民政厅、质监局、工商局组建“海南共享农庄联盟”。组建农庄联盟，对各市县发展“共享农庄”情况进行跟踪、指导，加强行业自我管理和市场自律，为“共享农庄”建设发展提供政策咨询、交流培训、品牌建设、宣传推介等专业服务，于 2018 年与海南共享农庄基金签署战略合作协议，一同开发建设海南优质“共享农庄”产业项目，不断增强海南“共享农庄”建设的协同效应，塑造农庄文化，管理“共享农庄”品牌，实现资本精准投放，促进“共享农庄”事业蓬勃发展。

二、特色鲜明理念推进乡村建设，发展“特色小镇”新传承

我国著名社会学和人类学家费孝通先生曾说：“文化得靠记忆，我们不但要在个人的今夕之间筑通桥梁，而且在社会的世代之间也得筑通桥梁，不然就没有了文化，也没有了我们现在所能享受的生活。”由此可见，

文化何其重要，对于乡村而言，传统文化更是乡村独特的文化底蕴和难以抹去的底色印记。一部分乡村毗邻城镇，可以打造极具乡土特色和风土人情的特色小镇。实质上，特色小镇的支撑体系有六个方面：一是产业；二是人才；三是土地；四是政策；五是资金；六是运营。而特色小镇的开发又包括了七大部分（见图 1），分别是：特色产业引擎、旅游引擎、核心产业园区、休闲聚集区、产业延伸环、居住发展带、社区配套网，七个部分之间既彼此独立，又相互联结、一体开发。

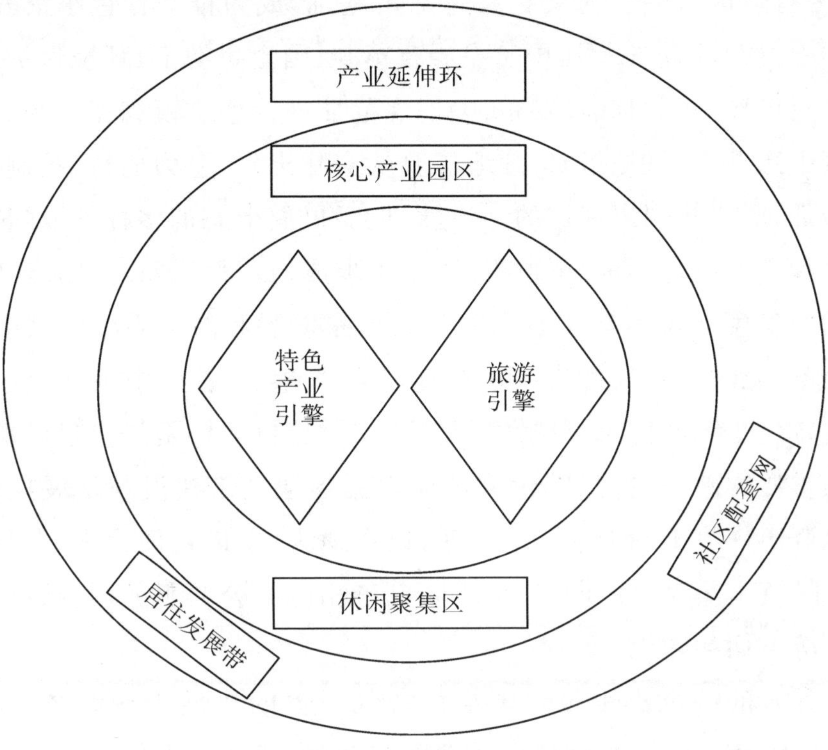

图 1　特色小镇开发的七个部分（引用）

2016 年 2 月，国务院印发《关于深入推进新型城镇化建设的若干意见》，强调通过辐射带动新农村建设，推动基础设施和公共服务向农村延伸，带动农村第一、二、三产业融合发展，带动农村电子商务发展，推进易地扶贫搬迁与新型城镇化结合。2016 年 7 月，住房城乡建设部、国家发展改革委、财政部联合发布《关于开展特色小镇培育工作的通知》。在深入推进特色小镇的规划建设中，我们既要传承小镇传统文化，又要守住这一方水土的文化底色，对本地的历史文化发展脉络进行深度梳理；同时，对当地的传统文化展现出充分的文化自信，找寻传统历史文化与现代社会生活融入的契合点，挖掘出独具魅力的文化特征；还要做好"乡村＋文化"的糅合发展，不能舍本逐末，在增强乡村本土传统文化的优势之余，要将该文化资源转换为特色产业，加强其与旅游等其他产业的融合发展，为打造优秀的乡村文化品牌奠定基础，成为推动特色小镇发展的内生动力。2017 年 12 月，国家发展改革委、国土资源部、环境保护部、住房城乡建设部四部门联合发布《关于规范推进特色小镇和特色小城镇建设的若干意见》。意见指出，各地区要从实际出发，量力而行、控制数量、提高质量，既要体现出区域的差异性，也要提倡形态的多样性，尽量减少推进过程中的概念不清、定位不准、急于求成、盲目发展以及市场化不足等问题的发生。2018 年 1 月，新华网、国家发展和改革委中国城市和小城镇改革发展中心、长沙市人民政府联合主办了"首届中国特色小镇博览会暨特色小镇和特色小城镇发展论坛"。特色小镇是加快建设新型城镇化的重要突破口，打造特色小镇应遵循当地经济建设与发展规律，基于本地资源优势推动形成特色产业，以本地为本、以村民为本，在吸引人才、企业、资本等聚集的同时，也不断完善相应的公共服务、基础设施、教育医疗等方面的建设。

浙江省的特色小镇是全国推行特色小镇的典型所在地之一，以创新、协调、绿色、开放、共享五大新发展理念为指导，集聚信息经济、环保、健康、旅游、时尚、金融、高端装备等七大新兴产业，打造融合产业、文化、旅游、社区等功能的创新创业发展平台。2015 年 6 月，浙江省公布第一批省级特色小镇创建名单。2016 年 5 月，浙江省特色小镇规划建设工作联席会议主任办公会议讨论研究确定 10 个特色小镇为省级示范特色小镇。2016 年，100 多个特色小镇获国家发展改革委、财政部认定，其中浙江省有8个特色小镇入围名单，是全国入围数量最多的一个省，分别是：杭州市桐庐县分水镇、温州市乐清市柳市镇、嘉兴市桐乡市濮院镇、湖州市德清县莫干山镇、绍兴市诸暨市大唐镇、金华市东阳市横店镇、丽水市莲都区大港头镇、丽水市龙泉市上垟镇。浙江省特色小镇的一战成名并非偶然，浙江省自古以来浓厚的历史文化底蕴积攒了不少诸如茶叶、丝绸、黄酒、中药、青瓷、木雕、根雕、石雕、文房等历史文化产业，其文化特点独有一番风味，创建业态充满无限可能，这些均为浙江省规划建设特色小镇奠定坚实的基础。

浙江省的特色小镇强调"统一规划、产业特色以及政社合力"，其采取的主要措施如下：一是印发《浙江省特色小镇创建规划指南（试行）》，这也是全国首个针对特色小镇创建规划工作出台的专项指导性文件。二是充分遵循建设发展规律，以"产业'特而强'，功能'聚而合'，形态'小而美'，体制'新而活'"的原则引导特色小镇的"特色化"规划建设的分类依据。三是创建"企业主体、政府服务""政企合作、联动建设""政府建设、市场招商"三大模式，有效地保证了政府与市场力量的有机融合，同时又突出了政府在创建特色小镇中的关键作用，省级政府统筹全局，各主管部门抓好各自的行业标杆性小镇建设，各市级同步抓好各自的示范特色小镇建设，多部门合力发挥典型示范作用。另外，浙江省还发布省级特色小镇发展综合指数，围绕特色小镇发展的关键性方面构建评价体系，其中包含特色产业、基础设施、公共服务、创新创业、人文气息五个维度。主要是：特色产业维度从产业特色度、就业人员、技术人才占比等方面挖掘分析主导特色产业发展情况；基础设施维度通过对基础条件、经费投入及智慧化建设等方面观察小镇发展的基础保障情况；公共服务维度量化特色小镇在环境、医疗、养老等公共服务事业方面的保障情况；创新创业维度意在考察小镇的朝气活力、人才吸引力、创新创业激励政策和小微企业发展等情况；人文气息维度从人口、健康、游客、教育、科学、文化等方面彰显当地社会风气与人文气息。另外，浙江在线与当地某科技企业还联合出品了“浙江特色小镇传播指数榜”，以科学算法对特色小镇在大数据时代所发布的新闻资讯进行统计计算，每月公布一期月度榜单，期望进一步推动浙江特色小镇的宣传工作，提升整体创建的传播影响力。

为此，我们倡导全国各地积极学习浙江特色小镇的建设经验，立足自身实际，合理借鉴其理念方法，在实践中勇于改革创新，不断提高自我发展能力。

第四节　发展乡村特色产业的六个维度

一、土地：摆脱闲置，盘活利用

土地是农业最重要的生产要素。只有搞活农村土地要素，乡村的建设与发展才会有新的增长点和发育的土壤，才能推动更多要素向乡村集聚。据民政部数据统计显示，2002 年—2012 年，短短十年时间，我国的自然村数量由 360 万个锐减至 270 万个，大量的村落正在悄然消失。党的十九大报告指出，“深化农村集体产权制度改革，保障农民财产权益，壮大集体经济”。可见，农村集体经济组织是农村宅基地和相关农房的“话事”主体，也将会是未来农村经济建设和发展的重要主体。

我们常说农村空心化，青年一代外出进城务工，留下“一老一小”留守乡村，也有许多山区的耕地被弃耕、被撂荒是因为集村并居所致，这就导致农田土地等闲置的时间和面积越来越多，问题愈发严重：一方面不仅导致了资源的浪费；另一方面还导致生产力逐渐外流，不利于农村产业长远发展，甚至农业发展得不到保障，进而导致城乡之间的贫富差距越来越大。从一些发达国家的发展历程来看，城镇化发展到一定阶段之后，必然也会出现人口从城市重回乡村的情况。2017 年 10 月，乡村振兴战略的出台，便是在新时代背景下实现在国家层面上进行乡村建设与发展的大统筹。

以北京市怀柔区渤海镇的田仙峪村为例。2014 年 8 月，该村成立了北京市首家养老农宅合作社，将闲置农宅统一对外承租给合作社管理，并引入社会资本参与投资开发，将闲置农宅进行重新装修改造，打造乡村休闲养老社区，探索形成“农民出房、合作社入股、公司经营、政府服务”的新发展模式。田仙峪村利用闲置农宅建成养老社区的模式也是北京市的首个试点，将农宅以体验式入住、短租、长租等不同形式运作，待成功后便有望向全市郊区进行推广。

田仙峪村因村民外出务工、村民个人购置其他房产等因素导致了诸多农宅闲置，这些闲置的农宅还一度成为了村民的“困扰”，不仅需要定期回去清扫，也不能买卖，单独出租也有一定的困难。由此，该区镇政府萌发了与社会资本合作来开发和利用闲置农宅，统一由合作社来承租、开展保护性开发的实际工作。措施如下：其一，合作社成立评估专项小组，由小组制定统一标准，到村子各家各户开展实地考察，最终形成一套高于市场价格的农宅整体出租方案，并对外向村民进行公示，接受相应的监督。其二，引入某地产开发公司对村中流转的闲置农宅进行重新规划和设计改造。在注重保护传统村落风貌的同时，充分融入乡愁元素，外表“土味”十足，室内却雅致不俗。为了充分展示“休闲、养老”两大主题基调，将不同的院子打造成不同的主题。其三，让村民成为合作社的社员，不仅能获得房屋出租的租金收入，还能获得相应的利益分红。养老农宅每年营业利润的10%均交由合作社作为全体村民的年底分红，合作社对此项收益进行合理分配，即流转闲置农宅的社员占总分红的10%，剩余的 90%与全村村民共同分配。另外，养老农宅社区的建设还带动了当地的就业，帮助田仙峪村村民实现不出村就业，主要从事家政、餐饮以及日常维修等工作。

2015 年 8 月，国家农业部等 11 部门联合印发《关于积极开发农业多种功能大力促进休闲农业发展的通知》，提出要“明确用地政策”，且提出以下六种情形可以使用集体建设用地，即：

1. 乡镇村公益事业、公共设施用地。

2. 村民住宅。

3. 集体经济组织兴办企业或者与其他单位、个人以土地使用权入股、联营等形式共同举办企业的。

4. 以集体经济组织为主体开发建设公租房、乡村休闲旅游养老等产业，或者以集体建设用地使用权作价出资入股、联营与其他企业合作开发此类产业的。

5. 在 33 个农村“三块地”（农村土地、集体经营性建设用地和宅基地）改革试点，集体建设用地使用权可以出让、租赁、作价出资或入股，用于商品住宅以外的经营性项目。

6. 返乡下乡创业人员，可以依托自有和闲置农房院落发展农家乐，也可以通过租赁农房或与拥有合法宅基地、农房的当地农户合作改建自住房。

另外，在“完善落实促进休闲农业发展的政策措施”中鼓励利用村内的集体建设用地发展休闲农业，支持有条件的农村开展城乡建设用地增减挂钩试点，发展休闲农业。还鼓励利用“四荒地”（荒山、荒沟、荒丘、荒滩）发展休闲农业，对中西部少数民族地区和集中连片特困地区利用“四荒地”发展休闲农业，其建设用地指标给予倾斜。加快制定乡村居民利用自有住宅或者其他条件依法从事旅游经营的管理办法。这一政策举措将对乡村闲置土地有效利用，盘活农民宅基地、村集体建设用地资产等，为乡村土地经济效益和村民们的资产性经济收益创造更多价值。

俗话说，“靠山吃山，靠水吃水。”由此可见，乡村当地的自然禀赋充当着乡村建设与发展的特色优势，而土地则是可视化的表现之一，如何挖掘和利用土地资源优势还需要不断深思。

二、人才：积极引导，广泛参与

习近平总书记曾提出要培养造就一支懂农业、爱农村、爱农民的“三农”工作队伍。村民是乡村建设与发展的主体和动力。只有乡村中的主体力量发挥才能，才能实现有序有效的发展。何谓人才？土生土长的乡里人、基层干部、大学生村官、新乡贤等，这些想要为乡村建设与发展事业贡献一份力量、想要造福乡村的都属于核心骨干人才。那么，在为乡村发展人才、培育人才、留住人才方面应该怎么做呢？可以采取以下措施：一是政府出台具体优惠就业政策，鼓励和引导农学等专业的大学生回到乡村，到农业一线中去，走到乡村、村民们中去；二是鼓励和引导农业科研单位、农业类高等院校、企业以及社会服务组织机构等积极参与到农业技术推广工作中，充实农业科技推广队伍；三是鼓励乡贤回乡发展和建设乡村，可以出台支持民间资本介入的政策措施，如税收减免、资金补助、优惠贷款和建立周转基金等激励政策，拓宽保护资金渠道，全面推进多元化保护，推动乡村建设发展。

以新型农民为例。新型农民是农业的生产经营主体，也是技术成果的应用和转化主体，我们要将“培育新型农民”作为统筹城乡发展的重大战略和作为发展现代农业的根本性举措，全面提升新型农民的素质。具体可以从以下方面做起：一是建立健全农民教育培训保障机制。农民教育培训工作是一项系统工程，也是“三农”工作的长期性任务。这要求既要建立健全农民教育培训领导机制，各部门围绕各自的职能进行责任分工，制定相应的发展策略，确定工作方针，安排部署工作。还要定期研究分析农民教育培训工作的形势，常态化地解决工作中出现的问题，共同建立健全新型职业农民的培养、认定、扶持体系，探索建立现代农业教育培训制度。二是逐步推进农村职业教育义务化。农村职业教育，或是未来提高农民素质的根本之策、长效之策。农村职业教育要以促进就业为根本导向，建立更为灵活开放的职业教育体系，让未能升学到高中就读的农村初中毕业生能全部直接、免费进入到乡村职业院校，实现新生农村劳动力都能普及到正规的职业教育培训，从而扩大农村职业教育的规模，形成中小学义务教育和成人职业教育相辅相成的农村教育培训体系。三是大力发展多元化、多形式的教育培训阵地。我们要加大对新型职业农民培育工程的实施力度，围绕主导产业，重点对专业大户、家庭农场经营者、农民合作社领办人、农业企业经营管理人员、农业社会化服务人员和返乡农民工开展生产技能、经营能力和创业能力的培育培训，从而逐步壮大新型职业农民队伍力量。同时，鼓励和引导社会力量进入农民教育培训领域，形成多元化、多层次、多形式的农民教育培训新格局。另外，还可大力发展农村社区教育培训，农村社区是村民的家、生活的场所。还要充分发挥农民专业合作社、专业协会、社会化服务组织的作用，有效推动农民不脱产、不离村就能接受教育培训，极大地提高农民参加培训的积极性、主动性和能动性。

在乡村，还有广大基层干部如村主任、村支书和第一书记等，他们扮演着十分重要的角色，如致富带头人的角色，借助转变观念、社区营造、社区发展助推乡村前行，走在乡村建设与发展的前列。2021 年 7 月，北京大学国家发展研究院、社会行动与创新实验室、北大国发院公益委员会在北京共同发起了首期“乡村振兴 · 村长工作坊”（以下简称“村长工作坊”）。该工作坊有来自全国 7 省 1 市的 15 位村支书、村主任，作为乡村振兴的见证者、参与者、推动者，他们展开了一场别开生面的对话，还特邀了政府部门、学术机构、社会组织等多方专家共同参与，一同问道乡村发展。“村长工作坊”里的学员都有一个共同的特点，即具有强烈的使命感和较强的主观能动性，立志带领村民摆脱贫困，实现共同富裕。据悉，“村长工作坊”项目对学员的筛选主要有三类，分别是“在基层工作多年的村支书、村长”“高等院校毕业选调生”“基层挂职的第一书记”。在“村长工作坊”研学活动期间，学员们不仅前往了北京市大兴区赵庄子村参观，举办乡村振兴共创座谈会，开展学院行动计划等，还实现了自己的诉求，参与相关培训实现赋能。后期，该公益委员会还计划在赋能乡村中选出3至5个村作为特色村，纳入北大国发院重点助推对象，通过校方智囊、公益委员、社会行动与创新实验室等多方资源共创协作，让特色村变成“网红村”，期望带来更加明显的发展优势。

乡村的建设与发展当然离不开人才队伍的支撑。乡村振兴作为一个需要“五位一体”全面发展的多元系统，我们更加需要培育和发展多种类型的人才队伍建设乡村，大力开发和利用本地人才资源，如乡村大学生、基层选调干部、新乡贤等，积极引导人才汇入，如与高校、科研机构或相关设计单位保持紧密合作，充分整合各项智力资源，深入开展建设与服务工作。

三、产业：多元融合，内生活化

近年来，农业的多种功能不断得到拓展，相关产业的融合发展趋势也日渐明朗，如农业与休闲旅游、文化差异、教育体育、健康养生等深度融合，也涌现出了创意农业、观光农业、体验农业和生态农业等多种业态，为乡村产业振兴、生产要素激活、现代化农业发展带来了有利时机。

2015年8月，国家农业部、发展改革委、国土资源部、住房和城乡建设部、水利部、文化部、中国人民银行、国家林业局、国务院扶贫办等11部门联合印发《关于积极开发农业多种功能大力促进休闲农业发展的通知》，通知在明确放宽土地用地标准之余，让农业得以被开发多种功能。既有助于促进休闲农业的发展，也有助于推进农村一二三产业的融合。

休闲农业是以农耕文化为魂，以美丽田园为韵，以生态农业为基，以创新创造为径，以古朴村落为形，紧紧围绕促进农业提质增效、农民就业增收、居民休闲消费的目标任务，将休闲农业发展与现代农业、美丽乡村、生态文明、文化创意产业建设、农民创业创新融为一体，注重规范管理、内涵提升、公共服务、文化发掘和氛围营造，推动农村一二三产业的融合发展。另外，政府各部门协同合力，分工明确，有序支持休闲农业发展（见表4）。

表 4　政府各部门协同推进休闲农业任务分工表

工作部门	工作任务
农业部门	负责牵头落实本地休闲农业发展工作，加强与旅游等部门的协调配合，指导产业的整体发展，并做好宣传推广工作。
发展改革部门	负责统筹安排现有渠道资金对休闲农业给予支持。
财政和税务部门	负责在现有政策范围内落实财税支持政策。
国土部门	负责落实休闲农业用地政策。
住房和城乡建设部门	负责指导村庄的规划设计建设、农村危房改造、特色景观旅游名镇名村、传统村落和民居保护等。
水利部门	负责河湖自然生态资源保护工作，并指导水利风景区建设发展。
文化部门和文物部门	负责指导乡村文化和文物的挖掘保护与传承利用工作。
林业部门	负责指导森林、湿地等自然资源的保护与开发利用。
扶贫部门	按照精准扶贫的要求，加大整村推进工作力度，支持有条件的建档立卡，贫困村积极发展休闲农业。
人民银行等金融部门	负责金融政策落实工作。

以浙江省安吉县鲁家村为例，该村在 2011 年以前还是一个“出了名”的贫困村，但现在已经成为了“开门就是花园、全村都是景区”的中国美丽乡村新样板。鲁家村自然资源禀赋条件较好，低丘缓坡，地形适宜发展乡村旅游，土地分布较为集中，基础设施较为充足，人居环境景观“样貌佳”(2011 年就已耗资 1700 多万元成功创建了美丽乡村精品村)，鲁家村的种种本地优势条件均为其家庭农场集群模式的打造奠定了良好的基础。鲁家村还探索了“公司＋村＋家庭农场”模式，启动了全国首个家庭农场集聚区和示范区建设，打造了“有农有牧，有景有致，有山有水，各具特色”的独特、美丽的乡村田园综合体。2016 年，鲁家村就已经实现了人均纯收入达到 3 万余元，村集体总资产超过 1 亿元。

鲁家村大刀阔斧，出资 300 万元，聘请高端专家团队，积极地在本村现有的资源中挖掘亮点，按照 4A 级景区标准对全村进行规划设计。以区域功能分区，将村落中较为分散的小型农场建设成 18 个有明确主题和特色的家庭农场，量身定制出鲁家村风格各异、错落有致的家庭农场，其中包括位于中心村的一个核心农场，其余17家农场散落分布在四周，彼此间的主题特色互不重复，减少竞争。此外，鲁家村结合本村4000多亩低丘缓坡的改造，还设计了一条4.5公里的环村观光线，实现将分散的农场串点成线、连成整体，最终将鲁家村打造成“主题农场聚集区”。

鲁家村的家庭农场集群是对休闲农业和乡村旅游相结合模式上的一次大胆创新，特别是对于大型农业园区或村集体主导下的休闲农业和乡村旅游的发展，具有重要的借鉴意义。鲁家村取得成功的原因如下：

第一，鲁家村了解市场需求，以类众筹的方式，即在农场的投资运营方面，充分发挥社会力量，引入外部资本对农场进行项目投资和运营管理，破解了资金、人才的发展瓶颈，实现了人财物等的资源聚合。建立一套完整的利益分配机制以及合作分红机制，让村集体、旅游公司、家庭农场主均按规定比例达成利益分配，既保障了村集体、旅游公司、家庭农场主和村民都能从中获得相应的收益，又能让村民在村集体中享受一定的分红，有效调动了各方的积极性、主动性和创造性，营造了企业与村集体互利共赢、农户增收致富的和谐美好的良性发展氛围。如鲁家村与安吉浙北灵峰旅游有限公司共同投资成立安吉乡土农业发展有限公司、安吉浙北灵峰旅游有限公司鲁家分公司，前者负责游客接待、交通系统、风情街、18个家庭农场等主要场所的经营和管理，后者则利用多年经验和客源做好营销宣传工作。后期成立的安吉乡土职业技能培训有限公司，主要负责为鲁家村村民、村干部、创业者、就业者提供乡村旅游方面的技能培训。三家公司均由鲁家村集体占股49%，旅游公司占股51%。

第二，鲁家村在2013年便启动了发展蓝图的规划设计，18家农场的雏形早已规划在线，在起步之初便解决了规划的统一性和定位差异化的问题。鲁家村还引导农场开发与之相适应的不同类型、不同层次、不同规模的乡村旅游产品，各个农场内的休闲项目可以通过有机组合形成若干条个性化的旅游线路，从而满足市场和消费者的需求。鲁家村的旅游围绕农林牧渔等方面，融合了乡村观光、游乐、休闲、教育、运动、体验、度假、会议、养老、居住等多种功能，有利于打造特有的“田园综合休闲旅游”。

第三，鲁家村还重视第一、二、三产业的融合发展和对生态圈的建设，建立多方共赢的合作机制。为了提升土地的附加值，在农场的周围，鲁家村设计分布了村民们自主经营的农家乐、民宿、农副产品等，发展创意农业，为农场提供增值的配套服务，实现“把田园变乐园，把村庄变景区”；还实现“让生产劳动更加具有乐趣、让加工生产更加具有体验性”，不断促进产业的发展和收益的互补。此外，在基础配套设施方面，村里还统一修建了游客服务中心、风情街、10 公里绿道和 4.5 公里村庄铁轨等设施。在营销推广方面，村里成立了专业广告公司进行统一宣传。在人才培养方面，村里成立了专门的人才职业培训公司。这些力量均为当地的村民及村干部、入驻的企业、创业者和从业者提供了极大的便利和有力的保障。

鲁家村的经验启示着我们，乡村的建设与发展也能走市场化道路。其一是充分发挥乡村的土地优势，科学利用土地资源可以为乡村吸纳更多的外来资本进入，如乡村闲置的宅基地、集体建设用地、闲置土地、山林等土地资源，实现将村内现有的闲置资源设施合理利用，有效转化为建设和发展的资本。其二是依托企业等资本力量，如为了乡村建设和发展找准定位、打造个性化，鲁家村聘请专业的设计公司进行村庄环境规划、产业规划和旅游规划，而不是照搬照抄地形成千篇一律的“乡村文化”。还充分依托所成立的专注景区管理和营销宣传的公司，来成为村子和市场的桥梁和纽带，公司开展对外宣传工作，吸引游客来鲁家村旅游，同时也对内传达市场的反馈。之后通过对农业供给侧的调整不断满足消费者对农产品、农业项目的多种需求来提高整体收益，有效地实现土地、农产品和乡村的附加值不断被提升，从第一、二、三产业的融合上不断突破和扩大利润空间。

休闲农业可谓是农村第一、二、三产业发展的融合性典范，既要注重对农村文化资源的挖掘，在发掘中保护、在利用中传承；也要撬动社会力量、社会资本，有效推进农业与文化、科技、生态、旅游的融合，以农业发展、农民增收为出发点和落脚点，有序发展一批农家乐、小超市、小型采摘园等特色旅游到村到户项目；在新农村建设、经济增收致富、农业提质增效以及城乡一体化发展等方面发挥了关键作用。由此，在乡村建设与发展进入新形势、新业态和新阶段之后，全国各地要结合本土实际，在开展休闲农业示范创建工作的同时，积极探索适应本土基调的发展模式，有机调动多方参与休闲农业建设与发展的积极性、主动性，共同营造休闲农业发展的良好环境和态势。

四、资金：多元筹措，创造活力

要解决乡村产业建设与发展的资金问题，需要政府、社会和农民等多元主体的共同努力。一是政府部门发动地方支持产业发展，如加大对乡村的投入，保证产业发展的基础水电、路、网等设施和发展产业的环境建设。二是企业纷纷牵头，以先进的技术、成熟的管理经验和敏感的发展眼光为乡村产业发展带来强大动力。三是民众参与，充分调动村民们的积极性、主动性。通过合作社、投工投劳投资等方式参加到乡村的产业发展当中去。四是充分发挥社会资本等外部资本力量，如国内的旅游产业资本、房地产业资本、工业资本、国际投资资本等，一同为乡村产业发展与建设助力。

以北京市古北水镇为例，古北水镇位于北京市密云县古北口镇司马台村，占地面积约10平方公里。位于（北）京承（德）黄金旅游干线上，高速公路可直达景区，交通便利。还可依托北京这一国际知名文化旅游平台，间接拥有数千万乃至上亿的潜在世界客源，市场价值较大。即将入驻的旅游公司预测项目仅门票，包括索道、温泉、餐饮、住宿、娱乐、演艺及展览等就可以实现上亿元的年收入，再加上后期延伸的高尔夫球场、别墅地产、度假公寓等多种业态和设施，产业的经济效益相当显著，市场发展潜力极大。古北水镇充分发挥自身作为紧邻北京市郊区罕见的山、水、城相结合的自然古村落优势，借助自身特色定位——以“登长城观光，游北方水乡”为核心卖点，打造极具特色优势的北方旅游小镇。2010年6月，中青旅与北京密云县签订战略协议，合作开发古北水镇国际旅游综合度假区项目。经过独具匠心的打造，2013年7月，古北水镇项目一期开业。2014年元旦开始试运营，酒店及部分民宿客房开始接待游客，部分游览景点、文化展示体验区、商铺和特色餐饮服务同步推出。2014年10月，古北水镇正式对外营业。

古北水镇整体投资45亿元，投资回收期在八至十年。项目的投资额较大，面对如此庞大的资金需求，投资方选择采用成熟的市场化资本运作方式，由中青旅控股股份有限公司、乌镇旅游股份有限公司、京能集团和其他战略投资者共同成立北京古北水镇旅游有限公司，注册资本2亿余元，由中青旅控股股份有限公司全资控股，各方按比例共同出资持股，负责承担古北水镇的开发、建设和运营管理工作，成为古北水镇项目巨额资金来源的强大保障。同时，项目的建设运营团队、国有资本、战略投资人持股比例均为15%～20%，能很好地平衡项目管理团队与资方的利益关系。古北水镇的开发融资思路是以“整体产权开发＋多元复合经营投融资方案”来募集资金投入项目、建设运营，具体内容如下：

第一，整个古北水镇景区规划面积9平方公里，其中项目公司购买1000多亩土地，原有古镇以租赁模式运营为主来使用土地，降低重资产投入的规模，从而提高投资回报率。古镇中新建的酒店则采用自持模式，其他商业物业自营，将计入利润表的收入规模尽可能做大，也有助于未来的持续融资。旅游公司以项目土地及地上的建筑为抵押物，从中国银行北京分行、交通银行北京分行获得合计15亿元10年期的贷款，再加上旅游公司自有资金，项目建设资金达到30亿元。

第二，项目在建设进程中收获了多方力量的关注，选择与之相适应的多种融资模式，如银行贷款、BT(政府利用非政府资金来承建某些基础设施项目的一种投资方式)、TBT(就是将 TOT 与 BOT 融资方式组合起来,以 BOT 为主的一种融资模式。政府将一个已建项目和一个待建项目打包处理,获得一个逐年增加的协议收入(来自待建项目),最终收回待建项目的所有权益)、PPP(5P,其典型的结构为:政府部门或地方政府通过政府采购的形式与中标单位组建的特殊目的公司(特殊目的公司一般是由中标的建筑公司、服务经营公司或对项目进行投资的第三方组成的股份有限公司)签定特许合同,由特殊目的公司负责筹资、建设及经营)、ABS(ABS 融资模式是以项目所属的资产为支撑的证券化融资方式,即以项目所拥有的资产为基础,以项目资产可以带来的预期收益为保证,通过在资本市场发行债券来募集资金的一种项目融资方式)、REITs(房地产投资信托基金,Real Estate Investment Trust),股权类融资模式如 PE(投资于非上市股权,或者上市公司非公开交易股权的一种投资方式)、VC(风险投资又可译为创业投资,主要是指向初创企业提供资金支持并取得该公司股份的一种融资方式,风险投资是私人股权投资的一种形式)、Pre－IPO(是指投资于企业上市之前,或预期企业可近期上市时,其退出方式一般为:企业上市后,从公开资本市场出售股票退出。同投资于种子期、初创期的风险投资不同,该基金的投资时点在企业规模与盈收已达可上市水平时,甚至企业已站在股市门口)等,债转股也适用。

2011 年 12 月,古北水镇旅游公司有机地引入战略投资者乌镇旅游公司和 IDG 资本(外资技术创业投资基金),并进行了多轮增资。旅游公司注册资本由 2.1 亿元增至 5 亿元,增资后中青旅持股 42%,乌镇旅游持股 18%,IDG 资本持股 40%。2012 年 8 月,古北水镇旅游公司再次引入京能集团战略投资者进行增资扩股,投资五亿元,占股 20%。增资后,古北水镇旅游公司资金达 15 亿元,为项目建设提供了充足的资金支持,增强了公司的信用,降低了公司的财务费用,也提高了项目的抗风险能力。古北水镇镇政府通过招标将已经经营一段时间的项目和未来若干年的经营权无偿转让给投资人。投资人再负责组建项目公司去建设和运营待建项目。项目建成开始运营后，政府从 BOT 项目公司获得与项目经营权等值的收益。按照 TOT 和 BOT 协议，投资人也相继将项目经营权归还给政府。

第三，项目得到了政府的大力支持(前提得确认当地政府对项目的支持力度、参与项目建设的实际意愿以及出资能力)。当地政府支持力度高，采取市级部门领导、区县政府牵头到行政审批模式，即构建了“政府牵头、部门协商、集中审批”的项目审批模式。除立项和建设用地手续外，市级行政审批权限一律下放，由密云县统筹研究，成立古北水镇专项项目手续审批工作协调领导小组，优化审批流程，最大限度地加快审批流程，依法依规办理项目业务。前期，因古北水镇原有的基础配套设施较为薄弱，缺乏自来水厂、污水处理厂和供暖设备等设施，在整体开发前还需要投入 12 亿元进行基础设施建设。但因其为北京市“十二五”规划的重点旅游建设项目，古北水镇的开发得到了当地政府的大力支持，获得了相应的财政补贴和政策支持。例如：2012 年获得密云县政府 4100 万元的基建补贴外，在道路交通、征地拆迁、水电供暖等方面获得当地政府的支持帮助，还协助修建景区门口的道路。更是凭借着主要股东——京能集团(北京市市属国企)，政府财政及审批方面的支持，有效强化了项目与地方政府之间的关系。

第四，古北水镇投资方还与知名房地产开发商——龙湖地产达成合作，借助古北水镇雄厚的客源量和消费力，共同开发打造区域内唯一的房地产项目，力求通过地产开发推动资金快速回流，从而实现资金的平衡。

第五，项目由乌镇“原班人马”负责打造工作，在最大程度上保证了项目的质量。项目的建筑设计团队及往后的经营管理和营销宣传都由乌镇团队进行操办，也让项目能在乌镇模式之上“青出于蓝而胜于蓝”。古北水镇虽然是参考乌镇模式进行的异地翻版打造项目，但其依然充分考虑自身的资源、区位要素、政府政策支持和资金管理等实际情况，最终形成了独一无二的自我特色。

在资金筹措方面，乡村产业发展需要依据实际需求，建立统筹协调的资金管理制度，提供多元高效的资金扶持体系来维系创造发展活力，有所侧重地扶持乡村特色产业发展。既要加强对乡村产业振兴专项资金的使用与监管，严把乡村产业振兴项目的审批关，规范资金使用。又要创新探索“多渠道引水，一个龙头放水”的资金投入管理机制，加强资金统筹管理。还要积极激励和引导金融服务业为乡村产业发展提供强有力的资金保障。更要完善金融信贷机制，创新开发新的信贷产品，为乡村产业振兴开设“绿色”信贷通道，缩减审批流程。

五、创新：多元合力，促进发展

一个国家或地区的农业建设与发展要选择什么样的发展模式，要采取什么样的技术路线，主要取决于当地的实际情况、特色优势以及所处的发展阶段。但当前，全国各地乡村建设与发展项目大同小异，同质化较高。为了在探索中少走些弯路，不少建设者都不约而同地期望能在学习先行者的实践经验中“照搬照抄”，忽略了应当“取其精华去其糟粕”，结合实际出发，在创新上再下狠功夫。

以山东为例。山东省既是农业大省，也是灌溉大省，更是缺水大省。为了改善农业生产发展的条件，山东省创造性地将水利打造成为农业发展的增长点，有计划地建设和完成相关水利工程，全面解决干旱严峻的农业问题。

山东省的省情是人多、地少、水缺，然而导致水资源紧缺的因素很多，一是因为山东省属于华北暖温带的半湿润季风气候，四季分明，雨热同期，水资源分配的季节性明显，且全年降水量有70%集中在汛期。同时，水资源年际变化较大，开发利用的难度大。二是因为水资源地区分布不均匀，且由降水产生的径流地区差距甚大，东南沿海往年平均的径流深为260～300毫米，最高的能达到350毫米以上。鲁西北平原和湖西平原的低值则只有30～60毫米。三是水资源总量不足，且人均占有量较低。山东省当地水资源总量为303.07亿立方米，仅占全国水资源总量的1.1%。全省人均水资源占有量为334立方米，不到全国人均的六分之一，甚至排在全国各省（区、市）倒数第三位。四是黄河入境水量和可利用量减少，难以保障。黄河是山东省的主要客水水源，对其的开发利用对全省的经济社会发展起到了至关重要的作用。但由于流域降水丰枯变化和流域内引用黄河水量逐年增加的双重影响，自20世纪90年代后，黄河来水量骤减。五是水污染程度日益加剧。大量的工业用水、生活污水未经处理直接或间接地流入河流、湖泊乃至地下，污染地表水、地下水，甚至造成水体恶化，且水污染最直接地伤害了农业的建设和发展。

农田水利是农业的命脉，是农业发展的物质基础。因而山东省要推动农业建设与发展，就必然要解决水资源的制约与农业增产发展之间的矛盾，就必然要从关键难题“水资源的开发和利用”中走出来。山东省主要的灌溉水源为当地的地表水、地下水和黄河客水。山东省农业历史悠久，自中华人民共和国成立以来，山东省便一直在努力进行水利建设。一则初步建成较为完善的农业灌溉工程体系，形成了能够综合利用地下水、地上水和外来客水的农业灌溉工程体系，有效地为当地的粮食稳产增产保驾护航。二则大力推进“旱能浇、涝能排”的高标准农田建设，由山东省政府2011年启动实施此项建设计划，以政府为主导，激励社会力量多元投资，还鼓励村民们投工投劳，发挥人民群众的主体力量，用5～10年的时间来一同实现“耕地灌区化、灌区节水化、节水长效化”。如山东省烟台市龙口市王屋水库周边便是立足当地特色葡萄产业，破除水资源浪费严重问题，探索了整村规模化种植和发展葡萄产业的成功经验。王屋水库灌区位于龙口市南部丘陵区，但因山丘区土壤质地以沙性土壤为主，使得原先的大水漫灌式种植方式难以真正被葡萄的根系吸收，导致水资源浪费严重。且农户的葡萄种植分布零散，产量很不稳定，难以形成区域的规模化效益。2011～2013年，龙口市在王屋水库灌区实施了小型农田水利重点县建设项目，建设高效节水灌溉工程面积8.46万亩，涉及石良镇、七甲镇、兰高镇3个镇的41个自然村，整体建设和发展葡萄的高效灌溉节水工程，科学地建一片、成一片、发挥效益一片，实现建设葡萄微喷面积6.44万亩，低压管道灌溉面积2.02万亩。这不仅使得原有的有限水源灌溉面积得到扩大，还建设了机械化、自动化水平较高的、节水高效的喷灌、微灌技术，有效地提高了灌溉保证率。山东威龙有机葡萄产业基地便在此地扩大了种植面积，形成了以威龙葡萄酒股份有限公司为龙头单位的大型葡萄种植园，还带领着当地农民们一起种植葡萄，将葡萄产业做大做强，也助推了农业产业结构的升级调整。

这就是山东省“水利先行”带动乡村发展的案例，它将水利建设与发展摆在优先位置，科学规划布局，甚至有水利科研工作者根据山东省各地的自然地理、气候和土壤条件、作物种植结构、经济条件、管理水平、降水和水资源分布、水源类型、缺水程度等方面的差异情况，因地制宜地总结出来了平原井灌区保护生态高效综合节水模式、引黄灌区自流灌溉和管道灌溉模式、水库灌区自流灌溉模式、山丘区分散水源高效节水模式、沿海经济发达地区多水源联合调度高效节水模式、农业园区和城市近郊精准高效节水模式、半旱地农业非充分灌溉模式、微咸水灌溉模式等十大节水模式，依靠科技进步和技术创新，期望通过水源建设、灌排工程建设等，建立适合不同区域的标准化、规范化、模式化、产业化、集成化、精准化的农业节水综合技术体系和应用模式，提升农业灌溉条件，发展现代水利，提高农业灌溉的效率和效益，提高农业水资源的承载力，推动农业向高效、优质的方向发展。

乡村特色产业的建设与发展，首要之处在于“特”，特是指乡村本地的即自然地理环境条件和独特的资源禀赋。中国地域辽阔，天南海北、东西迥异，地形地貌复杂，高山、丘陵、平原错落，江河、湖海、湿地交叉；

气候变化多样，南北差异大，东西各不同。从南方的热带农业到北方的寒带农业，从东部的沿海平原到西部的山地高原，农业生产地域类型丰富多样，与之相伴而生的农业文化自然形成了带有很强生态环境特点的地域文化。自然，也因其自然条件和生态环境特点有着不同的产业发展底色和创新形态，如做活创新创业、打造特色品牌、壮大特色规模、点亮乡村特色等都是不同形态之下的创新工作，也是努力促进乡村特色产业发展、开好局、起好步的关键所在。

六、文化：推进传承，孵化创新

中国上下五千年灿烂辉煌的农耕文明孕育了丰富繁盛的乡村文化，我国许多非物质文化遗产根植于乡村。我国各地农村不仅文化资源底蕴深厚、丰富多彩，而且表现形态多种多样，这都为培育和发展乡村特色文化产业创造了得天独厚的条件。乡村传统的文化资源可以分为四类：民间工艺、民间表演艺术、民风民俗、乡村传统饮食文化。（详见表5）

表5　乡村传统文化资源

资源类型	内　　容
民间工艺	乡村漆器、陶瓷、编制、花灯、雕刻和剪纸等生产技术与工艺品制作
民间表演艺术	杂技、武术、舞龙、舞狮、戏曲、花灯等
民风民俗	乡村的节庆、传统服饰、祭事活动、古镇风貌，以及与农作业、节气有关的乡村俗语、典故、民俗等
乡村传统饮食文化	农家乐、乡村原生态蔬果、乡村野味、乡村土特产、乡村特色小吃等

目前，我国大多数乡村始终以传统种植生产为主，生产规模小而分散，市场的应对能力较差，村民增收致富较难，缺乏整体的规划步调和足够的发展资金来推动当地特色产业的培育和发展。因而传承发展提升

农耕文明，走乡村文化兴盛之路，应注意以下要点：在对乡村的开发、建设和发展中，我们要以乡土文化为内核，加深挖掘本地的文化内涵，注重对乡村本色“原汁原味”的保护，有效吸收乡村内生动力和外生资源等支持力量，为乡村的基础设施建设和特色文化产业发展投入相关资金，为文化的传承与保护、文化产业的开发与发展打好坚实的经济建设基础。同时，注重保护乡土本色，突出地方特色和优势，避免过度开发和投入导致乡村“失味儿”。另外，要在乡村民俗、民族风情和乡土文化上做好文章，突出乡村的自然、淳朴、绿色、和谐的人文气息，彰显出天然、闲情和野趣，努力展现乡村的本土文化和魅力，使乡村在新时代也能挥洒出独具各自特色的文化品位和艺术格调。正如上文提及的陕西省礼泉县袁家村，便是当地村民们齐心协力地充分利用当地传统文化元素等打造乡村特色产业品牌的典范。

以河南省乡村文化为例。河南各地的乡村历史文化资源、旅游资源和非物质文化遗产资源丰富，对此，河南省政府鼓励各地乡村充分发挥文化资源优势，发展和壮大乡村特色文化产业。自实施乡村振兴战略以来，河南乡村文化产业发展呈现良好的发展势头，涌现出一批特色乡镇（村）、文化产业园区和产业集群。如禹州市神垕镇钧瓷文化创意产业园、民权王公庄画虎村、固始县三河尖柳编工业园、项城市汝阳刘笔业文化产业园、镇平石佛寺玉文化产业园等。为了推动乡村文旅和产业发展，河南省文化和旅游厅还在 2019 年和 2020 年分别命名了 40 个乡（镇）、村为“河南省文化产业特色乡村”。

又如福建省泉州市永春县岵山镇茂霞村，其利用当地丰富的荔枝资源，大力举办“荔枝文化节”，不断增加荔枝的附加值。还积极改造古厝民居，建设特色民宿，修缮古厝、古寨，开发极具当地风貌风情特色的旅游产品，不仅为村民提供了新的就业岗位，还促进了茂霞村的经济发展，增加了村民收入。

由此可见，以文化发展乡村特色产业，不仅是保障乡村建设与发展的重要支柱，也可以有效激活乡村的内生动力。我们要“大胆”地在乡村文化中引入产业意识，将“输血式”发展转向“造血式”发展，携手村民们一起克服现存的片面、狭隘的产业发展观和文化遗产观，发挥自身的文化特色和优势，调动村民们参与乡村振兴工作的积极性、主动性，实现文化与乡村生产、生活、生计相结合，发展独具地方魅力的文化产业，形成具有本地特色的优势文化品牌，推动本地文化资源的挖掘与文化产业的培育、市场经济的发展相结合，这样既能实现文化的传承与创新，也能推动市场经济效益的融合与发展，最终实现乡村建设与发展效益的最大化，使乡村不断成为宜居、宜业、宜游的新时代美丽乡村。

乡村振兴战略是多层次、多主体、多方面协同建设与发展的系统性工程，是需要土地、人才、产业、资金、创新、文化、生态等多方面协同的全面振兴，也是需要因地制宜、因时而进、因势而新等多方位的全面振兴，更是需要跨平台、跨领域和跨界合作等多方合作的全面振兴。发展乡村特色产业是振兴乡村经济的必经之路，从内部而言，要凝聚人才、开发土地、传承创新文化，发挥本地特色优势；从外部而言，要融合资金、发展产业、持续创新，加大品牌建设，扩大乡村影响力，发展乡村特色产业。

第五节　发展乡村特色产业的四大模式

“千年大跨越，日月换新天。”2021 年 2 月，习近平总书记在全国脱贫攻坚总结表彰大会上宣告“我国脱贫攻坚战取得了全面胜利，现行标准下 9899 万农村贫困人口全部脱贫，832 个贫困县全部摘帽，12.8 万个贫困村全部出列，区域性整体贫困得到解决，完成了消除绝对贫困的艰巨任务，创造了又一个彪炳史册的人间奇迹！”

立足本地优势，发展乡村产业能够活跃乡村经济，创造就业岗位，使乡村群众能够拥有稳定的工作，实现自给自足，从而实现乡村发展、社会稳定，也能实现稳步推进脱贫攻坚成果与乡村振兴的有效衔接。因此，因地制宜地挖掘和发展特色传统文化、自然资源等相结合的乡村特色产业成为在社会主义新时代下实施乡村振兴战略的重要途径。

我们要将建设与发展落到乡村自身、扶到集体组织、看到家庭产业，根据乡村建设的探索经验，我们总结了发展乡村特色产业的四大模式，分别是传统产业型、特色产业型、产业融合型以及新兴产业型，下面将分别阐述。

一、传统产业型

传统产业型是指以乡村本地的传统产业为根基，注重发挥当地的传统优势作用，将发展滞缓甚至搁置的传统产业重新以某种方式开发和发展，促使其重新成为推动乡村发展进步的原生动力。

发展乡村产业要根据本土特色鲜明、乡村资源独有、村民主体推动、竞争优势相对明显等特点，遵循根植乡村、引领市场、做好特色、构筑乡村新型产业资源基础等原则和发展规律，主要采取以下措施：

一是发挥本地优势的基础性作用。乡村造就了村民们“生于斯长于斯”的传统文化、生活习性、生存方法、风俗观念等，这些均体现在人们日常生活的劳作、交往、消费、娱乐和礼仪之中。在发展产业时，我们要因地制宜地选择扎根乡村久远的传统产业，充分发掘乡村文化的意义，引导富有特色的本地资源融入到特定的乡村产品、产业之中，奠定良好的发展基础。

二是重构乡村生产、生活和生计空间。不少乡村早已开展“人居环境整治工程”，不断推进村容村貌的整洁工作，完善垃圾收集处理、污水排放等乡村基础设施建设，修缮乡村民居建筑，建设乡村道路和景观绿化等，以实现在原有的村庄形态上改善居民的生活环境，推动乡村空间有序发展，进而推动乡村建设健康发展。

三是合理配置城乡发展资源要素。我们在发展传统产业时，要对城乡区位之间、工农产业之间以及城乡居民之间土地、资本、劳动、技术和管理等资源要素进行合理配置，改变城乡资源要素不合理的单项流动，促进城乡要素有序置换，使城市发展资源要素惠及乡村，并适度向乡村倾斜，为乡村发展注入新的动能和活力。

同时，我们还要着力解决和避免传统乡村产业趋同、产品单一、市场韧性不足等发展误区，有序地拓展传统产业功能、创新乡村产业链、带动乡村产业集群发展等，保障乡村特色产业的发展，实现乡村、经济、社会、环境的全面协调发展。

二、特色产业型

特色产业型是指以乡村本土特色为落脚点，发挥当地的特色优势作用，将有苗头或是孕育中的地理标志、特色产业等进行开发打造、重点培育，促使其成为推动乡村建设与发展的有机动力。

2018 年，中共中央、国务院印发的《乡村振兴战略规划(2018－2022年)》强调在壮大特色优势产业过程中加强农产品地理标志的保护，走中国特色社会主义乡村振兴道路。2008 年至 2017 年，全国各省、自治区、直辖市共在农业部登记农产品地理标志 2200 多个。农产品地理标志数量超过 100 个的省份有 6 个，分别如下：山东 313 个；四川 159 个；山西 130 个；湖北 121 个；黑龙江 120 个；新疆 111 个。地理标志可以有效保护农产品，有力推动乡村特色产业的发展。乡村特色产业的发展既要依靠市场在资源分配中的调节作用，也要依靠法律制度予以相关保障。地理标志作为重要的知识产权，在促进乡村特色产业发展过程中可以发挥出重要作用。发展特色产业，可采取的措施如下：

一是充分挖掘乡村当地的传统文化，如民俗、农作物、手工艺品、食品加工制作等。如河南省的乡村文化产业发展大多是以传统工艺美术的生产等为主导产业，镇平石佛寺玉文化产业园是依靠当地的传统玉雕工艺发展起来的，神垕镇钧瓷文化创意产业园则是以当地传统的钧瓷制作工艺发展起来的，二者都是河南传统工艺品制作的代表。

二是充分打造乡村特色文化品牌、产业等，如河南省充分发挥自身的地域特色，不照搬照抄，不试探模仿，而是积极发挥自身的地域文化 优势和历史文化的积淀，打造出一个个乡村特色文化产业和特色文化乡村，如宝丰马街书会、鹿邑老子故里以及庄子故里、木兰故里等。

三是充分培育乡村建设的后备人才。我国当今乡村建设人才主要是基层党员干部，因此，重点是在如何培养合格的基层党员干部上。具体而言，可以从以下方面做起：(1)在村级党组织推荐的基础上，利用村民代表大会、党员大会、群众座谈会等形式，让广大党员群众推荐优秀的后备干部，从不断改善拓宽村级组织的文化结构、年龄结构、性别结构入手，从退伍军人、大中专毕业生、种养大户、科技示范户、回乡创业人员、致富能手中选拔。同时，重点培养、定期考核，不断提高后备干部的思想素质、工作能力，使其迅速成为一名合格的乡村建设人才。(2)利用党校、成人学校、党员远程教育培训等方式，组织村级后备干部学习党的农村路线方针政策，新农村建设、市场经济知识、农村实用法律知识，利用远程教育、农村专业知识培训等方法，学习种植养殖、水养等农业生产技能，提高后备干部带头学习农业新技术、新方式，带领群众勤劳致富、科学致富。同时，结合农村无职党员设岗定责工作，对后备干部进行多岗锻炼，帮助积累实际工作经验，提高实际工作能力。

我国乡村拥有丰富的自然资源优势和文化发展优势，这些本地资源和优势都有被转化为乡村生产和发展的优势契合力，大力发展乡村特色产业，尤其是具有地理标志保护的特色产业，已经成为新时代下乡村振兴建设过程中高质量发展的重要路径。

三、产业融合型

产业融合型是指以本土产业“联动式”发展为出发点，关注对乡村

一、二、三产业结构的转型升级、调整融合,促使其成为推动乡村融合发展的多元动力,不再固着于单一的农业建设与发展。

在新时代背景下,党中央对"三农"工作的重要决策部署是要求推动农村一、二、三产业融合发展,这也是实施乡村振兴战略、加快推进农业农村现代化的重要举措。习近平总书记强调:"要推动乡村产业振兴,紧紧围绕发展现代农业,围绕农村一、二、三产业融合发展,构建乡村产业体系。"实质上,我们发展融合型产业大多都是站在"优化第一产业"的基础上,大力发展第二产业、第三产业,促进农业和旅游业相结合、传统文化和现代产业相结合,运用新思路、新理念、新要素等推动乡村产业转型升级,推动农村一、二、三产业的融合发展,最终实现乡村振兴。可采取的措施如下:

一是抓住关键产业,集中、协同发力。乡村特色产业的建设与发展需要关注乡村当地的资源禀赋和地域文化。我们需要依靠乡村自身所具有的自然、地理、文化资源,挖掘其不同特色的地域资源优势,进而选择合理、有效的方式进行引导、培育和开发,充分将资源优势转化为产业优势,打造特色品牌和产业。

二是主动把握资源,顺势、借力而为。我们需要站在时代发展的潮流之中,与时俱进地关注市场需求,充分利用电子网络等平台,创新乡村产业的发展模式,拓展线上线下"双线"发展的渠道,努力地将乡村特色产业变成乡村可持续发展的产业支撑。如浙江省东阳市花园村积极发动人财物等社会资源投入到乡村本地的红木产业之中,使得原来的100多家红木家具企业在短短数年间猛增到了近400家,直接从业者达到3000多人。

三是深入推动融合,加快发展步伐。我们需要建立规模意识、集群意识和风险意识,要认识到没有特色化、规模小的乡村产业注定会在市场经济的发展大势中走向失败。为此,我们要结合政府引导、组织领导、社会支持和地方建设等多方参与,合理配置和使用乡村特色产业资源,整合本地资源优势，加强区际间乡村特色产业的合作与交流，密切农业、工业等与乡村特色产业之间的联系，形成乡村产业的集聚优势，打造独具区域魅力的乡村特色产业核心竞争力。如打造乡村特色产业跨界融合发展，即：借助“互联网＋”来推动乡村特色产业生产运营、销售、流通和市场等参与主体跨界融合，也可以促进土地、政策、资金、资源和技术等多种要素跨界融合等。跨界融合已成为时代发展主题趋势。如浙江省东阳市花园村依托传统的东阳木雕技艺，借鉴广东红木家具产业的发展模式，将东阳木雕工艺和红木家具产业有效、巧妙地结合起来，逐步发展出了以依托红木家具商品为主的文化品牌，创造了独具特色的“木雕红木产业”的致富模式。经过十多年来的创新和发展，花园村的木雕红木产业现已形成原木市场、产业核心区块以及红木家具销售市场、物流中心等产业群，涵盖了从原木、锯板、烘房、雕刻、油漆，以及红木家具设计、生产、销售的全产业链环节，极大地带动了当地的经济发展及新农村建设，极大地提升了当地人民的生活水平。截至 2017 年底，全村实现营业收入 500 多亿元，同比增长 12.88％，村民人均年收入达 12 万元，被誉为“浙江农村现代化的典范”。

四、新兴产业型

新兴产业型是指以创造新发展产物为源头，重视发挥乡村本土历史、文化、社会、经济和生态环境等多重因素作用，发展新兴产业，反向助力本土建设与发展，促使其成为推动乡村建设与发展的新生动力。

在新兴产业型的建设与发展中，我们可以在重塑乡村产业发展体系、构建乡村特色产业跨界融合共生体系、推动数字乡村和乡村数字经济建设与发展、创新乡村特色产业发展支撑体系等方面下功夫。借助数字技术和高新技术企业赋能、服务和引领乡村特色产业发展，赋予乡村特色产业新内涵；拓展乡村特色产业发展外延，推动数字技术与乡村发展实际深度融合，培育和孵化乡村新产业、新业态、新模式、新经营主体等，重点构建面向市场需求的市场导向性的新型特色产业。打造新型产业，可以采取以下措施：

一是立足本地优势，将优势作用打造成品牌。乡村发展需要有自己的地域特色，复制或是模仿的发展态势最终也只能是“泯然众人矣”，毫无魅力。乡村的建设与发展应当立足于自身的特色资源，寻找并提炼让人记忆深刻的特色，扩展和放大自身的特色资源优势，将其打造成为独具特色的品牌。如结合乡村自身的环境和社会生产生活方式，将乡村自身的特色优势转化为观光、旅游、教育等不同类型和不同主题的产品，不断提高乡村的附加值，提升乡村的文化品位、经济效益和社会价值。

二是强化产业核心竞争力，实现多元化发展。新兴产业的发展意味着许多人才、资源、技术等资源的聚合，这也要求将多方资源优势合理有机地结合起来，实现在研发、设计、技术、产品、服务等方面的业务合作，以及人才、信息、资本等方面的资源对接，降低生产经营成本，推动形成乡村振兴战略发展的强大合力。

三是融入创新要素，促进乡村产业发展。创新是产业建设与发展的关键动因之一。在乡村产业建设与发展的过程中，我们可以充分发挥互联网技术、物联网技术等信息化技术手段，推动现代化科学技术与农业生产发展相结合，从而实现全面提升农业现代化发展的产业价值，反哺乡村产业的建设与发展。如在产品营销方面，企业利用先进的技术，改变传统的营销方式，快速打造出满足消费者需求的服务信息平台和营销渠道。

“胜非其难也，持之者其难也。”乡村特色产业的开发与发展需要地域特色资源、资金投入、人才储备、政府监管等多种要素共同作用，坚持因地制宜，结合市场需要，在保护“乡”“村”文化、自然资源的基础上培育特色产业，促进乡村经济发展，实现乡村振兴。

第四章　乡村特色产业的应用实践

在此前章节中，我们从国际实践经验中可以发现，发达国家极为重视特色产业对乡村建设与发展的推动作用。

在新时代发展和乡村振兴战略施行的背景下，发展乡村特色产业形势一片利好。有学者强调有效整合当地人力、物力、财力资源以及盘活本地特色资源等方式有助于打造乡村特色产业，并且大多学者均认同乡村特色产业的相异之处在于区别性、独有性和差异性。而本章则依据该学者基于系统分析视角对中国2020—2040年乡村优势特色产业发展情况展开的仿真模拟研究情况，结合当前中国乡村的本地优势作用发挥和乡村特色产业发展两者之间相互融合、相互发展以及相互作用的情况，具体分为强化传统产业型、培育特色产业型、发展产业融合型和引导新兴产业型4种新时代发展乡村特色产业的类型（见图2），将在下文逐一用案例进行说明。

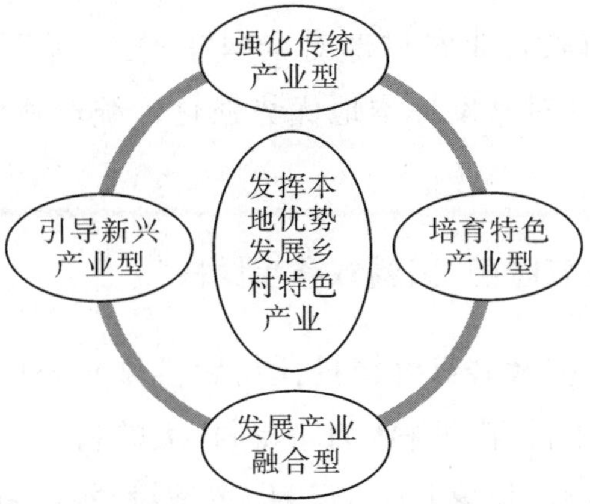

图2　发展乡村特色产业的4种类型图

本章旨在归类和总结当前国内发展乡村特色产业的实践案例，以具体案例佐证具体效用。发展乡村特色产业不仅是探索协同多元联动，更是乡村建设与发展的关键之路，响应时代发展，以实际行动来加快推进乡村特色产业发展的战略需要。

第一节　强化传统产业型：以活化传统焕发内生动力

强化传统产业型的应用实践指的是，乡村的建设与发展以传统产业为根基，重视当地“原汁原味”的传统主导因素，推动其与时代发展相适应，进一步巩固强化和创新发展乡村传统产业发展的实践活动。

“一村一品”是强化传统产业型不容忽视的国家主推的农村建设工作。“一村一品”是指以村落为单位，充分发挥本地优势，使一个(或者几个)村，拥有一个(或者几个)市场潜力大、区域特色明显、附加值高的主导产品或主导产业，从而实现大幅度提升农村经济实力和发展动力的实践模式。以下将摘取农业农村部对全国“一村一品”示范村镇认定情况的两个典型案例，并对其发挥本地优势强化传统产业的实践情况展开具体阐述。

一、“香芋产业立眼前，贝溪致富步伐快”

湖南省郴州市临武县舜峰镇贝溪村距县城 6 公里，临双公路穿村而过。与金盆村、沐塘村、南冲村、胡家田村、大岭村、禾鱼村、塘下村、沿江村、曾家岭村、南溪村、杜家村、西城村、东城村、东云社区相邻。下辖 26 个村民小组，村民 960 余户，人口 3000 余人。全村耕地面积 100 多公顷，人均耕地仅 300 余平方米。该村于 2012 年被湖南省政府授予湖南省新农村建设示范单位，2014 年被评为全国“一村一品”示范村镇。

(一)传统产业的主导地位突出鲜明

贝溪村是一个有着 800 年村史的老村，历代均以种植业为主。在 1984 年，贝溪村引进和种植香芋，并且以香芋种植作为乡村的主要产业。村中的劳动力有 1800 人左右，其中就有 1200 人从事香芋生产工作，占全村劳动力的 60%以上，香芋种植面积在 3.3 公顷以上的超过 60 户。贝溪村在外通过土地流转的香芋产业种植面积总共有 300 余公顷，且鼓励和带动全县农民种植面积达近 3000 公顷。短短三十多年，香芋不仅使全体村民脱贫致富，还让贝溪村成为全国闻名的“香芋之乡”。

(二)政府部门高度重视，因地制宜、因村施策

贝溪村的香芋产业发展由小变大、由弱变强、由衰变盛，这必然离不开当地县、乡、村三级政府的鼓励引导和支持扶持。在上级主管部门的组织领导下，2001 年，贝溪村的经济建设骨干力量自发组织建立了一个农村社区社会组织——临武县香芋协会。2005 年，又在此基础上，成立了舜溪香芋农民专业合作社。合作社内设科技服务中心和营销中心两个部门，其中科技服务中心主要承担科学研究、技术培训与推广及省市国家级项目建设。

(三)发挥企业组织引领，大力发展农业项目

贝溪村充分发挥当地组织引领作用，借助合作社的平台优势，加大村庄内部的培训力度，辅助村民充分掌握种植技术与能力，丰富村民的产业运作和管理的相关知识和经验，有效提高了香芋的产量和质量，最终提高了村民的收入和村落的经济收益。2004 年，贝溪村将“舜溪”牌进行登记注册。2006 年，贝溪村获投 160 万元的建设资金，建设落成了我国目前香芋产区最大的产地营销中心。十几年以来，在贝溪村的组织引领和鼓励带动下，舜溪香芋农民专业合作社成员所种植的香芋销售价格整体均提高了 75%，不仅收入有所增加，还在产地营销中心落成后吸引了众多国内外客商前来，大大提高了临武县香芋产品的产地交易价，有

效助力了当地农村经济的快速发展，加快了农民大步走向富裕之路，更是促进了农村经济和社会建设。

(四)支持“一村一品”发展，建设产业链条化

贝溪村村两委牵头，强化组织引领作用，制定“支部书记负总责，村委会主任负全责，两委干部分工把关”的工作考核目标管理制，推动包组到户，落实帮扶责任制。进而关注村庄基础建设，推动以水利改造和修建为重点的产业基础设施建设，为香芋产业改善生产条件，优化灌溉的效益。与此同时，对品种进行改良，为了优化和提高香芋品质，而建立优良种苗培育基地和标准化的香芋种植基地。再而，加大对资金扶持的力度，招商引资，共同努力克服香芋产业规模种植的发展后劲不足、肥料农药不能完全到位等问题。接着，积极促成香芋产业链的建设和发展，推进精细加工，不断提高整体加工、包装、运输、贮存和反季销售等方面的能力。最后，借助“一村一品”的示范带动作用，贝溪村种植业、养殖业、劳务输出和服务行业同时紧抓不放，多重保障经济持续快速增长。

贝溪村不是独一无二的传统农村，但它却是充满生机与活力的传统农村。由上述可见，贝溪村依靠发展自身传统种植业，自 1984 年引种至今，已有 30 多年的发展历史，途中伴随着中国农村走过了新农村建设、精准扶贫，再到现如今的乡村振兴。小小的香芋，走进了贝溪村的家家户户，还影响到了临近贝溪的其他村庄，带动了周边 10000 多农户发家致富。如今，贝溪村的香芋产业种植在全国超过了 20 个销售网点，覆盖了广东、广西、湖南、河南和上海等地，甚至走出国门，远销海外，走进了东南亚市场。

可以说，贝溪村和许多中国农村一样走过了不少弯路和探索路，才取得了今天的成功，这既是劳动人民辛勤劳作的智慧成果，也是各方力量不懈努力的实践结晶。香芋产业发展一路高歌猛进，势头良好。在时代发展的大潮之中，贝溪村选择了坚守符合当地实际的香芋产业，在坚守中寻找创新和机会，也由此获得了党和政府、广大村民以及相关企业

的大力支持。

贝溪村的香芋产业在政府的支持下，大力发展“一村一品”，大力打造典型示范村镇；在相关企业的共同协作下，注重稳固原有的销售渠道，同时积极引导种植大户进驻专门的农产品市场和农产品集散中心，拓展新的销售渠道，建成国内产区最大的产地营销中心，将原先小家种植的香芋发展成全县的支柱性产业；在产业农民专业合作社的支持下，逐步打响自身的舜溪香芋产业品牌，提升香芋产业的附加值，强化标准体系建设、申请地方标准来提高临武县香芋产业的品牌识别度、知名度和美誉度，从而带领着自家村落的香芋产业走出村庄，面向全国；还在村庄的集体支持下，立足当下，放眼未来，借助“一村一品”的示范作用和协同带动，整村的种植业、养殖业、劳务输出和服务行业等多产业联动发展，拉长产业链条，全方位、多层次、多渠道地激活乡村内生活力，为乡村的建设与发展注入源源不断、亘久不息的生机与活力。香芋产业的发展可谓是一步一个脚印，从无到有，从有变强。传统产业需要打开市场，只有产量搞上去，市场打开了，效益才能提升。只有效益提升了，村民们的积极性和主动性才会不断提高。由此一来，香芋产业越做越强，致富的康庄大道才会被完全打开。

二、“三华李熟一村品，茶山丰垌众人喜”

广东省茂名市信宜市茶山镇位于信宜市西北部山区，总面积 104 平方公里。下辖 11 个村委会，共 170 多个自然村，近 300 个经济合作社，人口约 2.2 万人。丰垌村位于茶山镇西部，与渤中村、渤上村、榕垌村、平田村、周冲村等村相邻。下辖 18 个村民小组，村民 570 余户，人口 2600 余人。全村村域面积 10 平方公里，耕地面积近 2000 亩。2019 年 12 月，丰垌村入选第一批国家森林乡村名单。2020 年 8 月，入选广东省“一村一品、一镇一业”首批专业村，丰垌村携手三华李登上榜单。整个茶山镇的三华李闻名省内外，是粤西最大的优质三华李生产基地之一，还是“中国三华李产业龙头县(市)”产业基地之一、广东省有名的三华李之乡。全镇种植三华李的面积已达4.2万亩,年产量近4万吨,产值超过1亿元,是全镇村民们的主要经济来源。那么茶山人是如何强化传统产业,发挥本地优势来促进产业发展壮大的呢?接下来,将主要分为三点进行详细阐述。

(一)牢牢抓住传统产业,将优势挥洒地淋漓尽致

茶山镇种植三华李有近50年历史,三华李自20世纪70年代末就开始从韶关翁源、广州从化等地被引种、试种到茶山镇,加上当地的高寒气候和优厚的自然环境、地质条件等十分符合三华李的种植特性,因而即使茶山的三华李是嫁接优化而成,但其果型、色泽、味道均优于其他三华李,还属于早熟型作物,所以也为茶山镇的果农们提前占领市场、提高经济收入带来了极大的优势。每年的4月份是茶山三华李早熟果大量上市的月份。持续到5月底,茶山三华李晚熟果也会大量上市。整整两个月的果季,产量充足。既保证了外销的产量,也因为品质较高稳固了外销的市场。当地抓住三华李的发展势头,乘胜追击,2006年举办了首届李花节,以花为媒推介茶山、宣传茶山,以此提高茶山的知名度。茶山三华李乘着这股势头,迅速走向全省乃至全国,生产的三华李更是远销湖北、福建、广东等地,并在全国近10个省市建立了销售网络。

(二)紧紧以三华李发展为核心,全方位建成产业良性态势

产业要发展,要增加产品附加值,产业化水平的提高是至为重要的一步。茶山三华李虽然有着良好的发展优势,但与此同时,三华李的发展也不止步于此。当地主要骨干力量重视三华李的产业发展,敢于迎难而上,通过建设形成高规格的种植合作社的方式,实现规范当地的三华李生产、销售,以此提升市场价值。同时,还促进产业协会的建立,进而统一产销机制,规范行业间的竞争,形成良性发展的三华李产业态势。当然,三华李的发展壮大,不仅仅是靠每一个合作社、产业协会的组织管理,还需要每一位种植果农的共同努力。例如其中一个果农,即使年岁

已高，但还是很努力地不断尝试各类种植技术，也因为自身掌握了独特的修剪技术，使得李树生长的枝叶更加繁茂，长出来的李果品质更好，产量也得到了稳步提高。

（三）大力联动互联网技术手段，做大做强三华李品牌效应

当地极为关注三华李这一全镇支柱性产业，既抓基地建设，又抓标准化种植，还抓三华李的品牌效应，不断推动品牌建设工作，还通过举办李花节、品果节等主题活动，带动旅游、饮食、购物等相关行业发展，携手将茶山三华李做出影响，以实现整体产业价值的提升。又因为当今时代快速发展，传统的、单一的销售方式已然不能满足现代人民群众日益增长的多元化需求。因此当地为保障线下合理设置了多个三华李的固定收购点，完善线下的销售流通渠道，确保三华李能及时销往外地，还丰富了电商、微商等线上销售的形式，使之成为三华李的独有销售形式。同时还借助网红主播，以直播助销的方式将茶山特产的三华李向全国的消费者进行宣传推介，这不仅有助于宣传茶山、宣传信宜，也能让更多的社会大众可以零距离接触到时节性的特色农产品，让消费者用最实惠的价钱买到最新鲜称心的水果，还能直接地帮助广大果农解决产销的问题。信宜市副市长、茶山镇党委书记等有关负责人纷纷走进直播间，化身主播为信宜三华李亲自带货。在新冠肺炎病毒疫情期间，茶山镇的三华李依然能保证每日外销量约600吨，畅销省内外。这使得在新冠肺炎病毒疫情期间茶山的经济发展仍不延缓，全镇经济依然保持平稳增长，相信这也是茶山每一代人坚持、坚守三华李产业的信心所在。

茶山三华李的实践经验属于铁打的强化传统产业型，“流水式”的建设经验主要有以下三点：一是牢牢抓住传统“手不放”。近50年的三华李种植历史、经验技术和发展根基早已在茶山三代人心中牢牢扎根，既难以放下，也愿意为之坚守、奋斗，那么便要凝聚集体力量，在保障三华李的产量和品质中稳住发展势头中的销量和市场。二是紧紧围绕产业发展“多头跑”。当地关注三华李产业发展的多方面，以技术化推动高效

化，以规模化促进规范化，以整体化带动产业化，从技术、组织、产销等多渠道入手，推动产业发展朝向一体化、常态化和长效化。三是狠狠联动新技术“争上游”。传统不代表闭塞，直播带货早已成为当今农业发展的一大潮流，茶山的三华李自然也不甘落后。三华李打开了在线平台，不仅开启线上销售渠道，还打开线上宣传推广媒介，让当地市长等领导参与进来带货助农，让果农更加直接地介绍和推广自己家的三华李，让当地的三华李在充满人文风土气息的同时更加名气“响当当”。这既是茶山三华李发挥本地优势的经验所在，也是茶山三华李将其真正作用到乡村特色产业发展的经验所在。

开展一村一品示范村镇的创建工作是国家深入实施一村一品强村富民工程、引导专业村镇提档升级的重要举措，对打造区域特色农业品牌、丰实“米袋子”“菜篮子”“果盘子”、促进农民就业增收、推动城乡融合发展具有重要意义。截止 2020 年 12 月，农业农村部已推介及认定全国 3200 多个“一村一品”示范村镇。可以明显发现，这些示范村镇具有以下明显特征：一是整体规模持续扩大，亿元村 100 余个、10 亿元镇 90 多个。二是主体不断增多，龙头企业、合作社、家庭农场 7.4 万家。三是发展业态类型丰富，50%以上的示范村镇建设了加工流通、批发市场和电商交易平台。四是品牌效应明显，注册商标达 1.46 万个。五是参与农户增多，参与农户超过 400 万户，人均可支配收入 1.9 万元。

在此节，强化传统产业型的应用实践案例特以国家“一村一品”的示范村镇的其中两个案例来借以说明。诚然，仅仅通过两个案例不能完全展现出国家打造“一村一品”示范村镇的全貌，但是每一个案例背后的实践行动和经验成果都是值得其他传统产业发展态势趋好的中国村落去学习、借鉴和发展的。湖南郴州的贝溪村坚持将原先小家种植的香芋发展成全县的支柱性产业，在坚守中找创新和机会，积极联动党和政府、村民群众以及相关企业的多方主体力量，源源不断激活乡村内生活力，稳步发展，也由此推动了贝溪村自身的建设与发展动力。广东茂名的茶山深深扎根三华李产业发展，凝聚好村庄的内在主体力量，联动土地、果农和供销机制，齐心协力共建三华李产业链，打通线上线下的“双线”对外销售和宣传推广通路，让三华李不仅卖得更多，也能走得更远，还能名声更响。显然，这些举措都有效地推动了乡村发挥自身的产品属性、功能价值以及营销方式等方面的特色优势，实现乡村彼此之间的活力释放、差异竞争、错位发展；还能有效地形成标准引领、品牌建设等，脚踏实地地创设一批乡土品牌，将乡土品牌融入到乡土自身的文化内涵、价值内涵之中，实现乡村经济、社会与文化同步，多向发展。

当然，全国范围内还有许多“一村一品”示范村镇的经验成果值得学习，一两个案例无法诠释整体面貌。本节希望借此抛砖引玉，创造契机，激励全国更多的示范村镇学会将自己打造“一村一品”实践行动的经验成果总结、提炼和分享出来。政府也可以创建特定的宣传推广平台，让更多“一村一品”示范村镇的优秀经验能够真正地发挥示范作用，让更多还处在迷茫、寻觅和探索的传统村落可以学习、参考和借鉴，也能引领全国的“一村一品”建设过程得以持续健康发展。

第二节　培育特色产业型：以内在特色带动一体发展

培育特色产业型的应用实践，指的是乡村的建设与发展以本土特色为立足点，着力将本土特色优势发挥建立在乡村特色产业发展之上，重点培育、打造乡村特色产业和塑造乡村特色品牌的实践活动。

一、“党建优势作引领，太保黑山树品牌”

广东省清远市连山壮族瑶族自治县太保镇黑山村位于海拔 1600 多米

的大雾山山脚下，溪涧纵横，梯田层叠，自然风光条件优越。与莲塘村、上坪村、旺洞村、保城村、沙坪村、山口村、太保社区相邻。下辖 5 个自然村，5 个村民小组，村民 170 余户，人口 900 余人。全村耕地面积 2800 多亩(其中水田面积近 1000 亩，旱地面积 210 多亩)，林地面积超过 30000 亩。

黑山村扎实推进工作，通过强根基、强头雁、强保障、强示范“四个建强”的方式，深入发展“党建＋旅游”模式，创建和打造黑山村旗帜鲜明讲政治、党建氛围浓厚的“雾山稻香·党旗飘扬”的乡村特色品牌，推动将党建优势深度转化为发展优势。

(一)发挥基层党组织的战斗堡垒作用，搭建发展农村基层党建网格

首先，黑山村根据自身实际情况，构建“村党组织＋村民小组(自然村)党支部＋党小组”三级党建网络体系，建立农村基层组织向党组织定期报告工作的规范制度，以强有力的政治组织网络带领全体骨干力量和村民群众投身到美丽乡村建设和社会治理中来。这使黑山村实现了下辖的 5 个自然村从往日“脏、乱、差”的落后旧村庄统统摇身变成了新时代的美丽新农村，且 5 个自然村全部评上了广东省卫生村，其中大塘基村还被评为广东省美丽乡村特色村、清远市美丽乡村示范村、文明村和广东省名村示范点。而黑山村更是荣获了国家森林乡村、中国乡村旅游模范村、广东省休闲农业与乡村旅游示范点、2018 年清远市十大美丽旅游乡村等多项荣誉称号。其次，黑山村以“组织建设好、作用发挥好、引领能力强、服务功能优”四大标准为突破点，开展基层党组织的摸底调研工作。经过调整后，黑山村从原有的 5 个自然村党支部优化整合为 3 个党支部，极大提升了基层党组织的政治功能和组织能力。黑山村基层党组织积极联动外部力量，将清远市的“粤菜师傅”乡村示范性培训基地落地此处，这将会对黑山村未来的乡村旅游经济、脱贫攻坚发挥巨大的积极作用。且在调整优化后，还成功举办黑山村著名文化节——“雾山梯田稻香节”，接待游客 8.5 万人，拉动当地经济消费 500 多万元，进一步提高村民的经济收入。

（二）提升村两委的战斗力量，培训强化农村干部队伍的组织建设

黑山村面向基层干部队伍开展学习培训和学历提升工作，确保村党总支部书记、村两委干部以及相关后备干部的各级各类培训保质保量，以及同步开展学历提升，带动2名现任村两委干部和1名党总支部书记后备干部成功研读中专学历提升班，以实践践行学习来提升农村基层干部队伍的思想觉悟、政治素养、组织能力和道德品质。例如，黑山村的党组织书记敢为人先，发挥农村基层的“领头雁”作用，将黑山的清水鸭通过书记带头宣传和乡村新闻官协同宣传的双重推广形式，成功打造成了炙手可热的“网红”产品，促使销量比此前增加了十倍。黑山村更是由此乘胜追击，借助快手、抖音等新兴媒体传播渠道大力推介黑山鹰嘴桃，不仅有效地扩大了销路，还增加了经济收入。

（三）发展特色产业，助推乡村集体经济

黑山村坚持“乡村要振兴，产业是关键”的原则，立足实际，发展贴近乡村、贴近互联网时代、贴近新时代的特色产业。黑山村首先对村内的分散水田进行整合，共累计整合1500亩水田，以搭建平台来大力发展特色农业产业，因地制宜地种植有机稻、有机茶叶、鹰嘴桃、杉木育苗等。其次，大刀阔斧开展农村综合改革，大力发展农村电商，建立极具本土特色的“黑山农村淘宝”电商平台。不仅有效地拓宽了黑山村的农产品销售渠道，大大缩短农户与客户之间的距离，还实现了村民离土不离乡也能稳步走向发家致富之路。其次，黑山村积极招商引资，成功引进莲山红茶叶公司，共同利用本地地理优势，种植高山有机茶200多亩并引进民族食品厂合作种植有机水稻350亩。此后，黑山村为壮大村集体经济的发展，还拟建农机服务点项目，计划为全镇乃至周边地区提供农机服务，共同走上产业增收、发家致富奔小康的新路子。

（四）发展特色品牌，共建促乡村产业兴旺

黑山村村党组织注重用好用活自然资源，发挥本地生态优势，协同做好生态文章，第一步就是将目光放在世代耕作的普通水田之上。黑山

村位于连山的最高峰、大雾山的南侧，不仅森林覆盖率高达93%，还因高山、深谷的地形落差大，形成了千亩的梯田景观。村两委干部打开了乡村发展的宣传大门，联系摄影家协会，邀请专业人士前来拍摄宣传；聘请策划公司大搞乡村“稻香节”，为黑山村凝聚了人气。紧接着，黑山村村两委马不停蹄，结合资源的开发和利用，发展“党建＋旅游”为主线，大力打造“雾山稻香·党旗飘扬”的黑山品牌。同时，黑山村被列入第五批省级新农村连片示范建设工程，深入建设和健全村庄发展旅游业的公共设施设备，如扩建公路、建设停车场、服务中心等。随着景点打造基本完成，黑山村村两委鼓励、推动和支持村民进行旧物改造，建造农家客栈，大力兴办“农家乐”，实现了解决黑山村富余劳动力的就业问题，吸引了一大批游客前来观光旅游，还提高了农副产品的附加值。黑山村现有40家农家乐，能同时容纳1000人的大型用餐需求，可提供250多张床位。与此同时，黑山村深入推进村级党群服务中心实体化建设，建强党建阵地，现已完成图书馆（藏书2000册）、村史馆、卫生站、文体活动室、文化健身广场、文化长廊、健康小公园、健康驿道以及党群服务中心用地等便民设施的建设工作，真真切切地实现、丰富和落实服务群众的功能。除此之外，黑山村党总支部还依此推出系列化的文体创意活动，如举办山地自行车公路赛、稻香节、摄影比赛、农民趣味运动会、“穿越清远”大型户外徒步活动等。

黑山村迎接时代发展大潮，抓住时代探索机遇，在坚持党组织的全面引领下，建设以雾山梯田乡村旅游集散为全局核心，打造集梯田观光、农家体验、乡村度假和休闲娱乐多元于一体的生态休闲旅游胜地，将乡村地势高的特色地理优势充分利用起来，借助观光农业、旅游业和手工业等将本土的历史、文化、社会、经济和生态环境统统绑在了黑山村乡村发展的“大道”上，让绿水青山真正地变成金山银山，带领村民走向生态兴村的可持续发展的新时代乡村建设之路。

二、“椪柑果香溢满地，青神白果新名片”

四川省眉山市青神县位于成都平原西南部，总面积 386 平方公里，北接东坡区，南邻乐山，西望峨眉。现辖青竹街道、瑞峰镇、汉阳镇、西龙镇、高台镇、白果乡、罗波乡。而青神县白果乡则与县城隔江相望，属于城郊乡镇。域内岷江水岸线 12 公里，坐拥复兴、官厅 2 座中型水库，渠系配套设施 50 余公里，水资源丰富。下辖 15 个行政村，90 个经济小组，村民 7600 多户，人口 22000 余人，现有家庭农场 50 余家，专业合作社 20 个。

为何青神县白果乡会发掘椪柑产业为乡村的特色产业呢？其原因包括以下三个方面：一是地处四川盆地西南边缘，属于亚热带季风性湿润气候。年平均气温在 17 摄氏度左右，年总降雨量 1100 毫米，比较适合农作物生长，具备椪柑生长的优势气候条件。二是岷江穿城而过，具有椪柑生长的优势灌溉条件。三是其位于“成都一小时经济圈”，交通条件优越，成乐高速公路穿境而过，眉青快速通道建成通车，也具有“天府新区、乐山双遗”的黄金分割点和对外开放的高铁高速区位优势，承载眉山市“千载诗书城”的文化底蕴。借助得天独厚的自然气候、土壤条件、交通条件等本地优势，青神县不断探索与创新，大力发展乡村特色产业——晚熟柑橘，在其不懈努力之下，也使得“青神椪柑”先后获得“中华名果”“四川省名牌农产品”“原产地证明商标”等荣誉称号。由此，椪柑产业已成为青神农业的特色支柱产业。

近年来，农业产业政策和趋势发展变迭迅猛。青神白果的椪柑产业如同其他乡村特色产业一般，也面临着诸多发展瓶颈和发展要求。但在乡村振兴战略实施的背景下，青神白果的椪柑产业以其实际行动实现了“高产”“高质”乃至“高发展”的飞跃。下面，将从两个方面展开具体阐述。

（一）坚持把好质量关，提升椪柑产业的专业化发展

青神白果的椪柑最初是从 1983 年引入此地，通过争取项目支持、集

中产业规划、技术指导帮扶等多种方式,促进产业整体发展业已30余年。1999年10月,中国特产之乡推荐暨宣传活动组织委员会将其评定为“中国椪柑之乡”。

几年前,白果乡大部分的椪柑种植户还是以家庭为单位进行生产种植,小家小户式的分散种植导致规模难以扩大,且村民大多受知识水平的限制,仍以最原始的种植方式为主,整体椪柑的果品质量和产量均有待提高,无法支撑大型收购的市场收购需求。为了提高椪柑种植的质量,青神县推动落实《青神县“扶持跟着项目走”实施办法》,大力推行高标准建园,实行标准化管理技术,全县大规模地推广留树保鲜、绿色防控、水肥一体化等标准化技术,开展化肥、农药减量化行动,农业面源污染防治行动,大力促进乡村特色产业发展,鼓励种植户统一、有序地开展标准果园化的建设。近年来,全县实现新增高标准果园3万亩,老果园标准化改建完成2万多亩,全县标准化生产基地占总面积一半以上,实现椪柑种植的良种率达到90%左右,优质果品率也达到85%,还连续12年通过国家无公害绿色食品安全检验。

过去,村民只能依靠自己背着背篓、挑着担子上山采摘,再肩挑背驮,运下山到有公路的地方装车。劳动力不足的时候,就算出钱也不一定能请到人干活,容易耽误采摘和销售。现在,果园里引进了“单轨运输机”,不仅方便果农把椪柑从山间地头运到公路上,还能运输农资上山,大大降低了果农的生产成本,有效地提高了种植效率。依托着多举并行,2019年青神县以椪柑为主的种植面积超过13万亩,年产值达16亿元。当地村民因椪柑产业的种植人均年增收1500元以上,青神县也在努力建成四川省最大的无公害椪柑生产基地和晚熟柑橘生产基地,椪柑产业更是成为青神农村经济的主导产业和村民增收致富的“摇钱树”。

(二)注重推广宣传关,提升椪柑产业的品牌化发展

起初,白果乡的椪柑销售方式基本是一种初加工的模式。即绝大部分农户直接出售成品椪柑,并且缺乏深、精加工的意识,所以导致果品因

各种原因未达到零售或批发条件的时候，绝大部分农户会直接选择放弃这批次果品，然后任由其腐烂在果园中。青神县白果乡政府认为椪柑作为当地的特色产业，不应当遭受如此命运，于是正式开启了椪柑的“青神品牌建设之路”。在产业初具规模时，白果乡乘胜追击，创造性地提出了“椪柑之乡、绿色村落、最美白果”的品牌构想。经过不懈努力，品牌打造初见成效。青神县也积极抢占品牌发展高地，积极申报“青神椪柑”国家地理标志，制定“青神椪柑”地理标志管理等办法，还聘请专业机构对青神椪柑的包装进行设计改进，不断提高青神椪柑的包装档次和品牌形象。此外，整体规划青神椪柑区域为“三环十区”布局，联动椪香园产业环线、汉阳晚熟柑橘环线、河坝子种养环线三环和甘家沟、百家池、钟家山等十区，推动农区向景区化发展，还积极打造企业品牌，支持相关企业注册富有青神特色的商标，引导着企业分级分档进行销售。同时，还申办四川柑桔博览会，参加“农博会”“广交会”等商业贸易活动，不断邀请种植协会组织、企业到北京、广州、上海等地参加品牌推广会和品鉴会，广泛开拓直供沃尔玛、大润发、家乐福等大型商业超市的多元销售渠道，这些都是青神县加强对椪柑特色产业的品牌宣传的多项举措，不断促成全产业链发展，一二三产业融合发展的乡村建设与发展的良好态势。

“白果椪柑”，或者可以称之为“青神椪柑”，无论是区域性的，还是本土性的，椪柑产业早已被塑造为一个特定的商业品牌，全县上下都具有椪柑发展的区位优势，因而椪柑的生产变得更加全局化、统一化和规范化。尽管白果乡是以农户分散种植的形式为主，但不代表产业发展不能链条化、专业化、产业化。县政府采取的措施如下：一是青神县有意识、有规模地对分散的种植户进行技术培训等，在不断灌输知识和提升意识的过程中因地制宜地发展椪柑产业，推动产业附加值提升。同时，规范质量标准，对椪柑的品质生产进行严格监督，且对特定品牌下的果品实施严格的筛选标准，统一对椪柑品牌进行维护和推广。二是青神县积极打造、宣传、推广椪柑品牌，树立品牌形象，提高品牌价值，以政府牵头，不断以举办各种活动等形式，逐步打响“青神椪柑”品牌以此提升品牌价值。

黑山村充分发挥自身地势高的本地优势，坚持党的全面领导和引领，大力打造雾山梯田乡村旅游为全局的核心，有效将当地的历史、文化、社会、经济和生态环境等本土因素注入到乡村建设与发展的方方面面。青神县更是巧妙地将自然气候、地形地势、交通条件等发展要素，充分融入到椪柑产业的发展之中，将分散化促成链条化，将散户化促成专业化，将个体化促成品牌化，用实际行动“化散为凝”。由此可见，这两个案例都是规划与行动并行，坚持“既要金山银山，也要绿水青山”，还要“让绿水青山变成金山银山”，切实以实际行动来诠释“为何绿水青山便是金山银山”“如何让绿水青山变为金山银山”。

第三节　发展产业融合型：以多元联动引领乡村发展

发展产业融合型的应用实践，指的是乡村的建设与发展以协同联动为出发点，不再固着于单一的农业建设与发展，关注对乡村一二三产业结构的转型升级、调整融合，实现乡村多元产业融合发展的实践活动。

一、“精准扶贫谱新篇，英德勤丰换新颜”

以广东省清远市英德市石灰铺镇勤丰村为例。勤丰村位于国道G358线上，东距英德市区13千米，西距石灰铺镇6千米，地理位置优越，交通十分便利。下辖18个自然村，22个村民小组，村民630余户，人口3000余人。全村占地面积13.2平方公里，耕地6600余亩，林地13000余亩。

在过去，村里的居住条件十分恶劣，全村主要依靠水稻、玉米、茶叶等传统农业，经济发展十分落后。穷则思变。近年来，勤丰村迎来了人居环境整治的春风，深入各村开展美丽乡村建设，积极完成三清三拆工作。勤丰村果断追随国家发展大势，结合政策方针，积极谋划村中产业发展的新思路新发展新路线。

2016 年开始，广州市对口帮扶清远市共计 200 余个省定贫困村。整整五年，广州市委、市政府积极主动汇集各方的“人财物”资源，每年安排 1.5 亿元定点帮扶清远市，鼓励支持清远市成立 20 亿元规模的穗清基金，全额投入支持清远市产业园区和重大项目建设之中，为夺取脱贫攻坚全面胜利而多元协同联动。“以外引促脱贫”是广州市帮扶清远市乡村工作实践的精华，更是致力于将乡村本土优势、主导特色产业打造成带动农户脱贫奔康、增收致富的“摇钱树”！五年来，广州—清远对口帮扶实现了 200 余个村的建档立卡贫困人口人均可支配收入增长约 3.8 倍。也是自 2016 年 5 月起，广州市白云区均禾街道办事处与英德市勤丰村形成结对帮扶。

勤丰村促进“发展产业融合型”的第一步便是入股分红“钱生钱”。均禾街道办、勤丰村党总支部将筹措所得的 30 万元帮扶资金，通过入股，投入到英德市英州红茶业有限公司旗下合作社——万联茶叶种植专业合作社。而英德市英州红茶业有限公司每年按投入资金的 10%作为固定分红，为勤丰村委会每年增加收入 4 万元。第二步是借助公司发展模式，带人进社“资生钱”。在“公司＋金融＋合作社＋贫困户”合作模式的基础上，发动村中贫困户加入村委会成立的茶叶专业合作社。第三步互联互通、互帮互助，构建乡村发展共同体。由合作社牵头，向当地农行申请扶贫小额贷款共计 65 万元，并以 3 万元/亩的价钱向英德市英州红茶业有限公司一次性付清来获得承包茶树的三年合作经营权。在这三年中，茶树由合作社负责种植管理，英德市英州红茶业有限公司提供技术支持、技能培训和茶叶收购，期间收益归合作社的贫困户所有。同时，英德市英州红茶业有限公司要保证合作社收益不低于总承包价的7%。英德市英州红茶业有限公司为了带动村内经济增收、贫困帮扶，主动协同当地政府、扶贫工作小组积极去探索，逐步形成“一地生五金”的扶贫模式。即在英德土地上积极耕耘，推动“土地流转的租金、吸纳贫困户入企工资、家庭农场营收、入股茶园的每年保底收入、扶贫电商资金”等五金的落实。勤丰村通过发展产业融合型，不仅巩固了当地原生的茶园根基，发展茶叶经济，借助企业力量带动村中周边300多农户每年可增收约3500元。还充分利用英德市英州红茶业有限公司自身茶叶产供销和田园旅游的发展契机，盘活了土地，调动了资源，增加了收入，还创造了就业机会。

勤丰村极具产业发展型的乡村建设特色，一则当地的产业特色优势十分明显，传统的茶园根基打下了发展的基础，发展茶叶经济是必然所趋。二则充分发挥农民专业合作社和龙头企业的带头引领作用，不仅仅只是依靠一家一户的农户个人力量，而是充分发挥多元主体力量建设新时代农村的发展模式，村委会成立专门的茶叶专业合作社，鼓励、发动和引导村民积极参与其中，还与英德市英州红茶业有限公司建立友好合作关系，协同构建乡村建设与发展的共同体。三则践行农业适度规模经营、产业发展融合态势突出等原则，以本地农业发展基础较好为前提和抓手，有效地盘活了乡村土地的原有收益，在发挥本土优势之余，充分地调动了资源，联合了企业、专业生产合作社以及村民们的多元力量，逐步探索适应勤丰村自身的澎湃动能的发展模式。

二、“大冬枣红红火火，沾化激活源动力”

山东省滨州市沾化区位于山东省北部、渤海湾南岸、黄河三角洲腹地，东部与东营市河口区、利津县为邻，南连滨城区，西南部与阳信县接壤，西部与无棣县毗连。2014年，沾化区总面积2200余平方公里，下辖7镇2乡、2个街道、1个海防办事处，430余个行政村，总人口超过39万人。沾化冬枣既是当地的特色产业和名片，也是“立镇之本”“强镇之源”。早在1995年的全国首届百家特产之乡评选活动中，沾化区就已被称为“中国冬枣之乡”。2020年，被欧盟理事会列为第二批中国地理标志产品之一。

乘着乡村全面振兴的东风，山东省滨州市沾化区紧紧抓住、贯彻实施乡村振兴战略，加快现代乡村特色产业发展与产业融合，推动科技引领，促进成果转化，争做新时代乡村振兴的“领头雁”，拓展产业发展与融合的实践新理念新策略新路径，协同驶入乡村振兴建设与发展的快车道。下面，将以三个方面来具体阐明沾化区将多种产业的不同业态进行融合发展的实践行动。

（一）种植历史再久远，也要学会抓准时机

沾化的冬枣栽植历史悠久，民间也流传着“先有冬枣树，后有沾化县”之说，更有传言当地百姓自古便有“房前屋后三棵枣树”的习惯。实质上，冬枣的种植是在20世纪80年代左右才渐渐从家中庭院走到乡间田地中去的。这也是因为时任沾化区的某领导调研发现，沾化临渤海湾，又是黄河冲积平原，土壤偏碱性，气候也很独特，十分适应冬枣种植和生长。于是便提倡大面积种植冬枣，起初也没得到民众的响应，只是个别民众大胆尝试获得较好的效益后，才激励了一大批人蜂拥而上，结果还需要进行控制整体的种植规模。

（二）技术经验再成熟，也要学会与时俱进

沾化冬枣产业经过多年发展，枣农的种植技术、生产经验和管理模式俨然成熟，但这不代表不再需要学习和进步。2014年，沾化区在多年积累的经验基础上，深入推动沾化冬枣产业标准化建设工程。即在原来制定的《无公害农产品一冬枣生产技术规程》基础上，制定了“国家标准”《地理标志产品一沾化冬枣》和《绿色食品一冬枣生产技术规程》，并配套出台了《关于沾化冬枣生产技术标准和产品质量标准的意见》《关于沾化冬枣产品质量检验检测标准的意见》等，共制定标准化生产技术规程11

项，完善了以“国家标准、行业标准”为主，“地方标准、企业标准”相配套的沾化冬枣产前、产中、产后全过程标准体系。比如在沾化区冯家镇大流村的沾冬2号示范园内，与以往冬枣种植不同，要求将园内45亩的冬枣全部改良，且全部按“宽行密植、划线成一”栽植，从而实现整个示范园冬枣标准化、机械化和水肥一体化生产。

（三）产业效益再稳定，也要学会发展融合

沾化区大力推动冬枣产业发展，实施“四大工程”来促进冬枣产业的提升。首先是实施科技引领工程。沾化区与国内知名高校对接合作，建设农业新兴研发平台。沾化区与山东省农业科学院合作共建“山东省农业科学院沾化冬枣产业技术研究院”，建立“枣业高端智库”，引入全国顶尖专家人才，集聚激活国内外人才、科技等优势资源。目前，该研究院已在沾化冬枣研究所和冯家镇大流村新建国际上最先进的宽行密植栽培模式基地100余亩，建设智能化温室大棚10亩，统一安装了水肥一体化、粘虫板、绿盲蝽诱捕器、除草布等实用新技术，促进科技成果转移转化和新技术的应用，示范引领全区冬枣产业转型升级，实现种植模式机械化、规模化、智能化、数字化、现代化。其次是实施品种换代工程。在沾化冬枣研究所、黄河三角洲（滨州）国家级农业科技园区设立300亩的新品种试验示范基地，加快品种研发力度，引进全国枣类顶尖专家及其研发团队，进行新品种研发试验，合作实施的“大果优质多倍体‘冬枣’选育”项目已通过省级验收。接着是实施冬枣保鲜工程，沾化区与中华全国供销合作总社济南果品研究院合作，推广使用新型冬枣保鲜技术，延长鲜枣储存期，增加枣农收益，鲜果储存期由2个月延长至4个月，通过科技成果的综合运用，使沾化冬枣的货架期自7月份至次年2月份长达8个月时间，实现冬枣产业的亚周年供应。最后是实施链条延伸工程。沾化区利用现有智能冷库、综合楼、高标准生产车间等资源开展招商，打造冬枣精深加工产业园区；开发枣木雕刻、冬枣盆景、枣芽茶、枣花蜜、冻干冬枣、生物质燃料等产品，让一颗冬枣树的各个部位都能发挥出最大价值。

还有延伸冬枣产业的“四季产业链”，在沾化区，一棵冬枣树上不仅有鲜食的冬枣，还能“种”出茶、蜂蜜、枣酵素、冬枣啤酒，还可以采摘游、观盆景、赏枣木雕刻，所以不可不谓之“小冬枣树长成了富民大产业”。

小小的冬枣承载起了乡村全面振兴的“大期待”。用恰逢其时形容沾化冬枣的建设与发展历程刚刚好。无论是时任领导干部的领导人意志引导和推动的冬枣早期发展，让冬枣成为沾化区人民群众增收致富的“发财树”，创造了从56株“庭院枣树”发展到50万亩“冬枣园林”的奇迹，沾化区的冬枣产业产值连续九年突破30亿元，带动枣农人均冬枣纯收入连续七年超过8000元；还是农业生产技术的提升和标准化建设，在种植区内可观的棵棵枣树横成排、竖成列，同时诱虫罐、粘板、色诱灯、空大中弥雾机、滴灌和防草布等“十八般科技神器”样样齐全；或是后来的精准施策，促进冬枣产业高质量发展，这都是沾化区发展冬枣产业步步维艰、步步坚守和步步创新的探索之路。沾化区已然不再处于“冬枣一产打天下，二、三产业链条断、产值低”的发展困境，而是多举措并行，建设合作社、设立行业标准、产学研融合，拉动了冬枣产业多元链条，让一棵棵冬枣树从头到脚的宝都被合理利用和发掘出来，大力发展冬枣生态旅游、精深加工、设计包装等相关产业，一年四季能吃能玩能观赏，真正地把沾化的冬枣产业打造成了“接二连三”的“四季”全产业链，推动一二三产业融合发展，形成了集生产、销售、研发、储藏、物流、加工和旅游于一体的产业集群，终而实现冬枣“旺一季”创造出“四季财”。

产业融合发展推动乡村振兴。在此节，发展产业融合型的应用实践案例一个是来自清远勤丰，一个是来自山东沾化。推动农村一二三产业融合发展，将会是当下和未来相当时期内的“三农工作”的重点。如若农业生产走“散小乱”之路，就会重蹈覆辙，不仅规模、质量和效益长期无效“生长”，还会致使乡村建设与发展长期滞缓。由此可见，以产业融合发展推动乡村振兴显得尤为重要。正如勤丰村建立合作社，吸引村民入股分红，还探索了“公司＋金融＋合作社＋贫困户”的合作模式，通过“人进社”“资生钱”，主动协同当地政府、扶贫工作小组、村民干部群众等力量，一同构建乡村发展共同体；沾化区充分发挥本地优势，合理发挥地形地势、气候条件和种植意愿等本土优势，完善标准化生产体系，应用新技术提质增效，延伸产业的吃喝玩乐属性，让当地的冬枣产业既“外有其表”，也“内有其质”。这也验证了在推进农村一二三产业融合发展的过程中，要始终坚持以人民为中心，依靠农民，发展农民，才能共同富裕。在传统农村的建设与发展历程中，分散的农民往往处于弱势地位，农副产品也大多就地消化。但如今，产业融合发展助推乡村振兴成为时代大势。不仅有效地盘活了乡村资源，发展优势产业，提高了村民农户的收入，解决了农副产品销售的后顾之忧，还进一步延伸了乡村特色产业链条，让乡村建设与产业融合发展相衔接、相促进。

第四节　引导新兴产业型：以发展先进助力全面振兴

引导新兴产业型的应用实践，指的是乡村的建设与发展以新兴产业发展为导向，发展新兴产业反向助力本土建设与发展，综合发挥乡村本土历史、文化、社会、经济和生态环境等多重因素作用的实践活动。

一、“社会服务立此处，从化凤二凤凰飞”

凤二村是广东省广州市从化区江埔街道下辖的行政村。村域面积约 11 平方公里。全村下辖 13 个自然村，共有 22 个村民小组，村民 730 余户，总人口 3300 余人。其中，3～12 岁儿童 580 余人，其中 6～12 岁儿童 380 人；60 岁以上长者 460 余人。主要农作物有水稻、番薯等，经济作物则是荔枝、龙眼、黄皮、砂糖桔、柿子和桉树等，主要养殖鸡、鸭；主要特产有米橙、糖环、角子等。凤二村还是典型的客家村落，拥有李氏祠堂、谢氏祠堂、刘氏祠堂等明清时期古建筑。村中祠堂有9处，大王庙1处，还有延续舞春牛等传统民俗的游艺活动。

凤二村社会工作服务站（以下简称为“社会工作者站”）则是从化区民政局购买的社会工作服务项目，于2020年3月开始正式投入到凤二村运作，其中配备着一站点三专职社会工作者的规模，面向全村3000多名村民提供志愿服务、社区社会组织培育等社会工作者服务，搭建村民议事基地和城乡融合基地等乡村振兴推进平台，共同营造共建共治共享的乡村治理格局。且在幸福食堂投入运营后，凤二村的社会服务开启了“一套人马、两块牌子”的模式。社会工作者站据点在村子里，与幸福食堂共享活动空间，室内场所面积约180平方米，主要活动分区有个案工作室、社会工作者办公室（党建工作室）、多功能活动室（幸福食堂就餐区、小组活动区、社区活动区、儿童之家、乡村学堂、舞台等）。

社会服务何以称之为新兴产业？社会服务又是如何为乡村建设与发展带来收益？社会服务具体能在哪些方面助力乡村全面振兴？接下来将以凤二村的社会服务实例来作为例证，从助力村庄建设与发展的三个方面展开具体阐述。

（一）兜住乡村发展的民生底线，培育基层力量活化乡村发展

凤二村社会工作者进村后不久，便为农村残障、五保、低保、低收、困境儿童、事实困境家庭等建立弱势群体档案，短短一年的服务期就累计电话、入户探访慰问超1000人次，其中登记探访记录超500人次。为满足长者及重度残障人士的用餐需求，凤二村社会工作者提供助餐配餐等服务。同时依托幸福食堂为主阵地，坚持在党建的引领下，定期开展广大长者所喜闻乐见的活动，如组织观看客家山歌视频、长者生日会、义剪义诊等活动，让长者的情感支持需求、健康检测需求、文体娱乐需求等多元需求均能得到满足。另外，为了满足困境长者个性化需要，凤二村社会工作者组织志愿者定期入户探访，与长者促膝长谈；定期帮助有需要

的长者采购生活物资；对于经济困境长者缺少必备的生活物品的情况，在村庄节庆之际链接花生油、米、面等爱心资源提供物质帮助，让困境长者感受党、政府及社会的关怀、关注、关心。针对困境儿童，凤二村社会工作者建立专项儿童档案，定期展开跟踪探访，积极利用来自民政资源的如愿行动平台为村中15名困境儿童链接资源实现“微心愿”。针对困难群众，凤二村社会工作者积极链接民政慈善资源，采用信息化手段满足村中困难群众的“微心愿”，让困难群众得到及时有效的帮助。

凤二村社会工作者充分挖掘该村内外的相关资源，为不同年龄、不同需求的留守群体提供了多元化、多层次和全方位的个性化服务：如面向儿童，开展相关志愿服务活动；面向妇女，开展广场舞课堂、茶话会等；面向长者，开展红色影院活动、趣味节庆活动等。这些活动均不约而同地丰富了不同群体的业余生活，增加彼此间沟通交流的机会，也无形中获得了些许情感支持和参与到社区活动中来的社区发展意识。

（二）组建村（居）内生动力，凝聚社区力量成为建设与发展的关键

凤二村有着先天优势，从化区首家社区社会组织培育孵化基地就落在此处。凤二村依托孵化基地，根据村中发展的内在需求，逐步培育出了花木兰志愿服务队、小哪吒志愿服务队、青年志愿者协会、花木兰艺术团和金凤凰协会5个本土社区社会组织，且均已在当地村委会登记备案在册。与此同时，凤二村社会工作者主动链接民政、社会组织、社会企业等资源，为村中不同性质的社区社会组织提供相关专业培训，进一步规范社区社会组织的管理和行动，不断提升组织成员的综合素质与能力。并在此基础上，潜移默化地推动村民实现自我治理、自我管理、自我服务、自我提高。目前，项目培育的志愿服务队能够积极参与社区的志愿服务和社区公共事务。如：花木兰志愿服务队每月定期上门探访社区长者，帮助长者清洁卫生、购买生活用品和陪伴长者聊天，煮解暑汤饮给长者饮用，协助开展社区活动等；小哪吒志愿服务队积极参与和宣传社区活动、探访长者，为长者表演才艺等；青年志愿者协会主动报名担当乡村学堂讲师，为乡村儿童上了

一堂又一堂精彩的乡村文化课；花木兰艺术团协助挖掘传承唱客家山歌的传统文化，吸引了60多位留守妇女加入，并成功协办了2020年广州市客家山歌邀请赛、2020年中秋节全民联欢晚会、2021年元旦文艺汇演等大型文艺活动，打响凤二客家山歌品牌，促进传统文化传承和发展，进一步提升客家文创小镇知名度；金凤凰协会还协助凤二村社会工作者开展电商培训助农课程，广泛动员和组织村民参与培训课堂，帮助村民变身卖货“网红”，力求拓宽农副产品销路和增收致富的渠道，实现凤二村传统农业与新型互联网经济的紧密融合，开拓城乡沟通互动的新渠道。更振奋人心的是，短短一年间，凤二村社会工作者便挖掘了领袖骨干达25名，志愿者百余人，且累计志愿服务总时数达2800余小时。

（三）创造大大小小无形的机会，推动集体力量参与村（居）建设

凤二村社会工作者搭建村中慈善公益平台，建立由村委会主导监督、社会工作者站负责支持执行、多元社会主义协同参与的社区基金项目。凤二村社会工作者以“客家文化”为根基，开展社区慈善事业。凤二村社会工作者积极发动社会企业、乡贤积极捐款，或通过企业开展公益服务换取收入，将其所有收入均纳入社区基金，用来资助社区微创投项目、解决老年人迫切的养老问题，以及其他农村问题，从而营造乡村互助慈善的浓厚氛围。与此同时，凤二村社会工作者着力打造“美丽超市”平台。美丽超市即以服务换服务、以服务换产品为抓手，整合乡村公益资源，凝聚公益慈善力量，促进志愿服务常态化和良性循环，从而形成以村民为主要受益对象的爱心共建互助氛围。如村民参与探访孤寡老人、为孤寡老人洗衣服买菜、困难家庭帮扶等志愿服务活动，每次可以积累一定志愿时数，志愿时数可兑换成公益时间银行积分。积分可以用来兑换各式各样的物品，包括卫生纸、洗发水、杯子等日用品，还可以换取社会工作者站的儿童辅导服务、居家环境卫生打扫、义诊义剪等服务。志愿者在参与志愿服务活动后，由凤二村社会工作者依据、美丽超市积分制度进行认定并记载，根据提供服务的时间、内容、质量等为志愿者量化积

分，每月月底上报至公益时间银行平台备案登记并在线上村民群、线下宣传栏公示。

综上所述，社会服务产业的进入极大地提升了凤二村社会、经济、文化以及人文互助等各方面的效益，虽然无法精准判定社会服务究竟给凤二村带来了多少收益，但实际上它的存在和服务已使得村中的建设与发展面貌“焕然一新”。

在社会建设方面，凤二村社会工作者面向农村三大留守人群提供兜底性服务，结合村委服务档案情况，开展入户探访，摸清村中留守老人、留守儿童及在册的残障人士、五保、低保、特困人士等的底数，从多渠道、多形式介入，为村中困难长者和儿童满足生活需求和解决基本问题。同时，凤二村社会工作者精准定位三留守人群的发展需求，鼓励、推动和支持三留守人群积极参与社区治理，借以培育和发展社区社会组织的方式、参与村庄公共服务活动、志愿服务活动来实现三留守人群间的自助互助，不断增强村民们的乡村自治意识。

在社区经济建设方面，凤二村社会工作者关注村中经济的集体利益和发展潜力，积极链接社会企业等外部资源，与本土经济性质的社区社会组织沟通联系、整合资源，广泛动员和组织村民参与电商培训助农课程，帮助村民变身卖货“网红”，力求拓宽农副产品销路和增收致富的渠道，实现村落传统农业与新型互联网经济的紧密融合，开拓互联网经济、电商时代、农业现代化的新渠道。

在乡风文化建设方面，凤二村社会工作者借助传统重大节日和村庄节庆，在端午粽子节、六一儿童节、中秋国庆节、元旦春节、重阳敬老节等节日来临之际，组织花木兰艺术团、田心围姐妹团队、小哪吒志愿服务队为农村群众开展文艺表演、游园会等形式多样的乡村文化活动。这不仅促进了农村群众的社会参与与融合，还进一步提高了农村群众对家乡的归属感、认同感和荣誉感，助力营造和美乡风。

二、“乡村康养产业助推上海乡村新发展”

上海市金山区朱泾镇待泾村位于朱泾镇镇区西部，东与朱泾镇新泾村相连，南依大茫塘，西至斜塘港，与枫泾镇贵泾村为界；北界秀州塘。村域面积6.25平方公里，耕地面积近7000亩。全村共有35个村民小组，村民1200余户，非农户210余户，总人口4300余人。区域内河道纵横，水网密布，居民住房多依河而建，具有“鱼米之乡”的典型特征。

上海市金山区朱泾镇新泾村位于朱泾镇镇区西南部，由原富强村和一农村两自然村撤并而成，建于2004年5月。东入五人港，南至大茫塘，西至待步泾，北至秀洲塘。全村区域面积6.38平方公里，总人口5300余人。耕地5500余亩，粮田4500余亩，常年菜田800亩。

而田园朱泾享莱乐康养社区是上海朱泾泰莱实业发展有限公司以上海市金山区朱泾镇待泾村和新泾村两个村落建设改造的旅游与康养相结合的乡村项目。恰逢时代发展的大势与机遇，上海市金山区朱泾镇待泾村和新泾村两村都在积极寻找产业兴旺、乡村发展的新路子，在与上海朱泾泰莱实业发展有限公司的有机合作之下，融入社会资本力量，改造翻新村民原有空置住房，坚持保留村庄农宅原有风貌的基础上融入现代民宿文化元素，辅以田园开发建设，打造以康养为中心、集现代农业、休闲旅游、智慧医网、农村社区、文创体验等为一体的综合性田园康养社区，走出了乡村振兴与养老事业结合发展的新路。在此，田园朱泾享莱乐康养社区关注乡村原有的社会、经济、文化等本土因素，以发展新型养老产业来联动和壮大休闲农业、乡村旅游、民宿经济等特色产业，让当地村民能切实收获更多的产业增值收益，同时也在一定程度上保障农村教育、医疗、养老和文化等服务供给，协同实施全面乡村建设行动，进一步推进实现乡村全面振兴。以发展新型养老产业推进乡村建设与发展的上海乡村实践经验则包括如下五大板块的工作。

(一)保留乡村原色原貌,大力改造乡村闲置资产

改造工程以自然村为单位,尊重村庄原有的肌理,对待泾村、新泾村2300多栋农房进行统一规划、统一承租和统一经营。坚持保留农房原有风貌的建设原则,尊重乡村原住民的生活方式,对村民闲置住房进行高标准、分批次翻新和改造,融入现代民宿流行元素,打造既具有乡村特色风情又有四星级酒店标准的民宿与康养社区。

(二)利用乡村本土资源,发展人文自然生态产业

充分将乡村的农家风情建筑、乡村风情活动场所等休闲聚集场所合理利用起来,邀请专家人士对场地设计和路线规划出谋划策,有效建设村落的绿色生态农园,采用个性化定制模式建设和利用观赏型有机综合性农田、瓜果园、观赏苗木、花卉展示区、湿地风光区、水际风光区等,形成乡村社区观赏和玩乐的核心区域。并同步开展如生态农业示范、农业科普示范、农业科技示范等诸多相关活动项目,让老年人、农场主和外来游客一同认识农业生产过程、参与农事生产实践活动,充分体验现代的农耕文化和农业生产的乐趣。

(三)大数据资源入驻乡村,智慧养老产业反哺本地长者

养老社区的建设引入人工智能及物联网等高新科学技术,通过数据化、智能化等技术手段实现健康管理和安全保护,研发面向老年人、社区的全方位综合服务管理平台,有力推动医养结合的社区完善照护保障体系。高品质的智慧康养社区的建成,首要惠及的便是当地村庄的每一位老人。

(四)同步完善医疗、教育等社区公共配套设施,打造老年活力社区

充分关注老年人的社交、运动、美食、文化、健康和心灵归宿等六大需求,并以这六大需求为核心,创新老年人的生活方式,这些生活方式由此也构成了生动活泼的“老年活力社区”模式。老年活力社区还处于稳步探索阶段,如链接老年大学、各类机构、协会等资源,不定期聘请各行业知名专家和学者,为社区开展主题讲座和专题学习教育及宣传活动。

还以时令养生为理论基础，依据中国二十四节气的气候环境变化，使用遵循时令的食材进行科学搭配饮食，辅以顺应自然的作息规律、运动方式，从而达到社区康养"淡饮食、轻运动、慢生活"的多层次保障和服务全方位支撑。

（五）逐步导入产业新业态，构建符合实际的熟龄创业平台

上海朱泾泰莱实业发展有限公司为了缓解发展不平衡不充分，促进社区内熟龄老人的创业就业，进行了多方联合，搭建创业平台。如联合长三角"田园五镇"，共建新仓1955创新学院；联合蚂蚁创客空间，共建乡村振兴农创学院，大力实施人才计划，落地蚂蚁创业计划；围绕朱泾镇资源禀赋和康养人群的服务需求，打造金山朱泾康养产业生态圈；联合粮食种植专业合作社，打造农产品个性化定制项目，吸引众多康养老人认领土地，学习农事知识、体验农耕乐趣、享受乡村生活。

上海市金山区朱泾镇待泾村和新泾村注入社会企业力量，充分利用乡村本土资源和特色优势，强化创新引领，与第三方力量通过农村一二三产业多元联动，融合发展康养、文旅、体验农业等产业，横纵向打造乡村核心产业及产业链集群，联手建设与发展新型养老产业。两者可谓是双向联动、互促互惠。待泾村和新泾村抓住时代发展大势，不单独发展传统乡村旅游产业，勇敢探索乡村旅游与康养相结合的发展之路。让村民实现闲置住房出租获得"租金"，在村就业获得"薪金"，在平台上分红获得"股金"。而上海朱泾泰莱实业发展有限公司关注利益实现的最大化，精准选择地处城市近郊的乡村社区，推动城市与乡村的价值双向转换，关注乡村社区周边环境，提高乡村资源固有价值，增加乡村发展的新业态，以达至建设成本可控、轻资产运营的发展运作模式。

实质上，"强强联合"的乡村和企业联手开展乡村建设，坚持党建引领促进乡村治理，以产业导入为引擎，翻新农村闲置资产为载体，产业植入创造就业岗位，业态建设吸引人才回流，整体改造提升村域环境，生活富裕提振人心，这些措施不仅解决了农村"空心化"的实际问题，促进了

乡村青年返乡创业，也推动了乡村的产业兴旺和产业结构调整，把产业带动的效应真正留在农村，还为乡村振兴建设与发展贡献了新的探索模式。但与此同时，未来还得正视即将迎来的多重挑战，盘活资源开发之后的收益分红该如何分配，村内的长者及其他原住民的服务和发展如何保障，乡村旅游和社区养老如何互联互通，传统文化与现代养老如何嵌入融合。这些乡村自身和社会企业应该共同去面对和解决的议题，需要逐一破除，真正有效地构建、联动和完善双方的常态化、长效化发展机制，真正地实现“资源变资产、资产促发展、发展助振兴”的乡村建设与发展新局面。

新兴产业发展助力乡村振兴。在此节，引导新兴产业型的应用实践案例主要有广州从化凤二村和上海待泾和新泾村，以实践说明新兴产业的建设与发展是如何成就建设美丽乡村。凤二村的成功是在于其以“社会服务”为主导发展多业融合模式。社会工作服务正式驻扎乡村，犹如投入乡村建设与发展的燃烧的火苗，虽然是以保障和满足本地村民群众的发展需求为前提，但更多的是在参与式发展之中激活乡村的内源式发展，逐步引导广大村民群众参与到乡村的建设与发展的方方面面中来，有效地激活了乡村的参与性、发展性和可持续性。未来，广东省还将全面铺开“双百工程”，计划将在两年时间内实现乡镇(街道)百分比覆盖社会工作服务站、对困难群众和特殊群体百分比覆盖社会工作服务，这也为将来农村社会工作全面助力乡村振兴打开了更多可能。待泾村和新泾村的成功则在于打造乡村康养产业，从而融合发展乡村产业链集群，形成联动式来推动乡村发展。目前国内发展康养产业的乡村较少，自上海市金山区朱泾镇待泾村和新泾村开始探索乡村康养发展之路以来，始终坚持保留本土原汁原味的特色风土人情和风貌，丰富和突出乡村原有的细节和元素，改造村民闲置住房为特色民宿，翻新农村闲置资产，植入新兴产业，吸引人才返乡创业就业，同时因地制宜地规划建设住宿、饮食和商业设施，注重乡村整体建设与发展的环保生态化，提高乡村康养的可视化和乡土味。另外，还鼓励和支持本土的熟龄老人开展创业就业实践，以及入住村庄的康养老人也主动认领土地、参与劳作，在享受乡村生活之余发挥自己的劳动和创造价值，贡献自己一份力量之余感受自我效能感和自我价值的实现，真正将产业效应发挥在乡村、作用在乡村。现如今，新兴产业发展助力乡村振兴仍然十分小众，其并不是直接作用于乡村生产力的解放，而是植根于乡村农业、服务于村民群众，关注和满足本土的某一需求为切入点，逐步培育和发展彰显乡村本土优势、体现乡村气息和承载乡村价值的新兴产业。这也是随着国家乡村振兴战略的实施推进以及新制度技术和商业发展模式的创新推进，我国乡村产业发展也渐渐由传统的业态模式向新产业新业态新模式加速转变，新兴产业可谓是乡村一二三产业融合交叉发展的代名词之一，借以新兴产业的发展来让农民增收致富、让产业提质增效、让乡村产业振兴，这无不充满了机会和发展前景。

第五章　乡村特色产业的发展与展望

乡村是指城市建成区以外的具有自然、社会、经济特征和生产、生活、生态、文化等多重功能的地域综合体，包括有乡镇和村庄等。而乡村“五大振兴”涵盖政治、经济、文化、社会、生态文明等方面，与“产业兴旺、生态宜居、乡风文明、治理有效、生活富裕”的总要求环环相扣、紧密相连，是乡村振兴正能量的核心内容、重要举措和主要抓手。而本书所涉及的便是乡村“五大振兴”之中的产业振兴。产业是农村经济的重要基础，关乎农村生产力的解放和发展，关乎农村劳动力的就近就地就业，关乎农民增收致富、农业现代化等方方面面，推进乡村产业振兴新理念新思想新举措势在必行，且不容滞缓。因而，本书提出借助本地优势来实现促进乡村特色产业的建设与发展。本书第四章尝试性地提出发展乡村特色产业的行动路径，抛开空想主义理论，在实践中检验真理。本章从经验教训、政策趋向以及发展展望三个方面展开阐述。

第一节　发展乡村特色产业的经验教训

乡村产业是指根植于农业农村、服务于当地农民，能够彰显乡村自身特色、体现乡村风土人文气息、承载乡村之魂的价值的产业。随着国家乡村振兴战略的实施，相关制度、技术和商业模式创新的持续推进，我国乡村产业也由原先的传统业态向当下的新产业新业态新模式加速转变。在现阶段，我国乡村产业发展与本地优势发挥相结合也正面临着如下的考验。

一、乡村一二三产业融合发展是亟待攻克的难关

一般而言，乡村产业在不同领域中有不同的界定内涵和分层类别。从理论内涵而言，乡村产业包含着农业、农村工业和农村服务业。从经济研究和经济管理而言，一般是以三次产业分类法来界定产业，即第一产业为农业（含种植业、林业、牧业和渔业），第二产业为工业（含采掘业、制造业、电力、煤气、水的生产和供应业）和建筑业，第三产业为上述产业以外的其他各业，分为流通和服务两大部门。传统乡村产业主要是农业、农产品加工业、手工业、农村建筑业、农村运输业和农村商业等。随着响应国家农业供给侧结构性改革的发展要求，传统乡村产业融合发展，由此孕育催生出了休闲农业和乡村旅游、“互联网＋”农业（农村电商、智慧农业、共享农业等）、农业生产性服务业和田园综合体、农业公园等农村新产业新业态新模式。

乡村一二三产业融合发展是当下基于技术创新或制度创新形成的产业边界模糊化和产业发展一体化现象。乡村产业振兴发展的关键所在，要时刻把握住农村一二三产业深度融合发展的趋势，推动农业现代化转型升级，激活农村创新创业发展活力，也是为早日全面实现乡村振兴战略提供牢靠的物质基础和支撑。但我们仍需要认识到当前乡村发展存在的困境，即我国传统农业的发展模式整体仍处于滞后延缓阶段。我国是农业大国，但是地域之间发展情况差异较大，而且与发达国家相比仍然存在较大差距。整体显露出乡村内部的农业生产能力较低，大多处于原始的小农耕作状态。除了杂交水稻等少数农业成果位居世界领先地位之外，大多乡村的农业人均产出和粮食单产均缺乏竞争优势。与

此同时，农业科技总体水平也不高，与发达国家相比仍存在较大的差距。诚然，身处新时代之中，我们需要拓展农业产业融合发展的视野，争取实现全方位、多元化、宽领域的乡村产业融合发展。即从村情等当地实际情况出发，以农民为建设与发展的主体力量，以本地优势和特色资源为依托，以产业链延伸、产业范围拓展和产业功能转型为特征，通过形成新技术、新业态、新商业模式等，支持和促进农村一二三产业的融合发展，带动资源、要素、技术、市场需求等实现在农村的优化重组和整合升级。

二、聚焦当地特色农村农产品的产业融合发展仍旧是关键

独特的气候、自然环境、地形地势、历史人文等综合条件均是造就不同村落之间种植不同作物和发展不同产业的相关作用因素，也是各地发挥本地优势作用于乡村特色产业的实践所在。不少乡村现仍处于独家种植、发展滞后、特色不显等窘境，大多是因为不知如何发挥本地优势、不知如何融合多元发展、不知如何形成标志品牌等。因而关注乡村自身实际情况，聚焦当地特色农村农产品的产业融合发展仍是乡村建设与发展的关键要点。

这里要提及到地理标志农产品的概念，地理标志农产品指的是乡村因其独特的自然环境、地形地势、历史人文等长期作用下形成的较为稳定发展的产品。不仅具有一定的村落人文历史，也还可以衍生出时代之下的新故事文本。黑龙江省农村发展研究中心提出的“聚焦地标农产品的产业融合发展”论述与本文论断高度契合。其观点提出：重点建设与发展以地理标志农产品加工拉动的产业载体，不仅是充分发挥产业所承载着的生态环保功能、文化塑造功能、技艺传承功能、地域品牌功能等的作用，也是努力实现地标农产品加工产业上集聚着众多的产业功能，还是有助于拓展知名品牌农产品加工的地域空间，面向整个农村发展的资源空间、产业空间、区域空间和市场空间，再而因产业融合来实现全要素、全产业链、多元功能以及多重价值的集成性发展，从而一定程度上回

应农产品加工业粗放式增长、产业集中度低、农产品精深加工能力较弱、农产品价格长期低迷、品牌培育不够、产业链不完善、价值链难提高以及相关新产业新业态的发展支撑、培育支撑不足和现代信息技术应用显著滞后等情况。

深度聚焦本土优势的发挥，发展乡村特色产业，实现传统乡村产业转型升级，推动乡村特色产业传统优势与现代信息技术高度融合，进一步优化农业生产力的空间格局、结构调整，夯实农业生产能力，加快培育乡村特色优势产业、农业品牌，积极引导小农耕作生产模式向现代化农业发展体系转变，进而推动农村一二三产业融合发展，主动探索多元化、多层次、可持续性的现代农业建设与发展之路。

三、发展多元、多样的产业融合是乡村振兴的持续动力

基于前文所述，乡村经济的建设与发展往往不是依赖于单一产业的发展就能实现，而是需要依托区域整体的融合与发展。如完善的基础设施建设、畅通的道路交通网络、便捷的对外交通体系、快捷的网络通讯设施、良好的生态环境、淳朴的乡土文化、方便的生活服务等元素均可以增添到乡村特色产业融合发展之中。农业除了产品经济功能以外，还具有政治、文化、社会、生态方面的功能，在开发和拓展农业产品经济功能的同时，充分释放出政治、文化、生态、社会功能，使农业的多种功能在产业融合发展挥洒地淋漓尽致。

如山东省的农业发展经验便是值得学习的典范之一，在农村一二三产业融合发展中，提出要紧紧扣住“全环节升级、全链条升值”两个关键点。“全环节升级”指的便是用新理念、新技术、新装备来改造和提升当地传统产业，即分别在土、肥、水、种、药等各环节和生产、加工、销售等全过程注入现代经营、科技和管理等多要素，实现帮助传统产业脱胎换骨、焕然一新。而“全链条升值”指的便是农村一二三产业的三个链条在融合发展中同步实现升值，不是原先的“先富带动后富”形式，非第一产业

的初级产品发展到第二产业才实现升值，也不是第二产业的加工产品发展到第三产业才实现升值，而是一二三产业在自然融合中形成纵向的一体化发展，实现整体增值的相融相促和协作受益。如果是更为具体的举措，便可以其培育农村新产业新业态的其中一招“坚持‘三链重构’，引领‘新六产’发展”进行介绍。“三链重构”是指对产业链、价值链和供应链的重新搭桥，首要以产业化升级为核心，展开产业链相加，即第一产业接二连三，向后延伸；第二产业接一连三，双向延伸，第三产业接二连一，向前延伸。其次，价值链相连，充分进行“提质增效增收”，即第一产业的一份收入，通过第二产业增值为两份收入，再而形成第三产业的三倍效益。最后，供应链相通，关注“降成本、增活力、可持续”，即产销直接对接，减少中间的流通环节，节约相关流通成本，总体实现促进一二三产业的融合发展。

除此之外，吸引一二三产业的多元主体参与到产业融合发展中来也是要点之一。即通过发挥乡村多元主体的主动性和积极性，推动实现农业产业化更加有生机和活力。从产业上来看，制造业、食品加工、服装业、编织业、旅游业、商饮服务业、交通业、建筑业、专业技术服务业等主体都可以加入到产业融合中来。从经济类型上来看，国有、集体、民营、股份、合作、合伙、混合等经济成分，尤其是农村新型主体也要积极参与发挥作用。产业融合发展的主体可以扩展到更大的范围，如金融机构、民间组织、科研院所、国际组织、风险投资等都可以培育成新的主体。

乡村特色产业的农产品作物的选择，自然是依据地形地势、气候条件、种植历史等综合作用再生产而成的，但“新、特、奇”的农产品不仅会受到自然条件等的约束，还会受到多种技术条件等的限制，如种植面积不够规模化、种植技术含量要求较高、种植成本高以致于整体价格偏高等，种种因素夹杂在一起，导致农产品价格往往高于市场平均价位，也造成了乡村特色产业发展一度滞缓、乡村经济发展停滞的情况、乡村建设与发展也长期停滞的情况。由此，在全国各地的多重探索下，结合发挥本地优势作用的基础上，深入推进农业供给侧结构性改革的战略举措，多形式地构建一二三产业跨界融合发展的农业现代化产业体系，培育农村新产业新业态作为转变农业的发展方式，推进发展思路，依托诸如农村社会服务业、加工业等向农业逆向融合来实现相互促进、相互融合、相互发展，从而大大激活乡村建设与发展的活力，逐步提高农业生产效益和发展效益，最终助力乡村产业的全面振兴。

第二节　发展乡村特色产业的政策趋向

党的十九届五中全会明确指出要“实现巩固拓展脱贫攻坚成果同乡村振兴有效衔接”。2021 年是巩固拓展脱贫攻坚成果同乡村振兴有效衔接的当打之年，更是深入推进农业供给侧结构性改革的探索之年，还是在新时代新形势下加快培育农村新产业新业态的破釜沉舟之年。由此看来，要孵化农村新发展，除了全面实施乡村振兴战略以外，政府的政策扶持和辅助是十分必要的。在广袤的农村，政府自然不能“置之不理”“温室呵护”，而是要从我国具体国情农情等实际情况出发，更加积极、主动地出台相关政策，为农村发展加油助力，关注农业全面调整升级、农村全面整治进步、农民全面参与发展，让在农村创新创业的企业、社会组织乃至个人都能享受到如同城市一般的发展机遇和支持力度，多方面、多层次、全方位地解决好农村用地、融资、人才、基础设施的急难之处。接下来，我们将从乡村人才队伍培育、“一村一品、一乡一业”推广、乡村旅游业等新产业扶持三个方面来具体分析政府在发挥乡村特色产业的政策趋向所在。

一、大力培育乡村人才队伍的建设和发展

国以才立，政以才治，业以才兴。由此可见，自古以来人才队伍一直都是乡村建设与发展的核心力量所在。为了广开进贤之路，广泛集聚乡村建设各方优秀人才，国家更应出台多方政策来鼓励、支持和引导社会各界人士积极、主动地投身到乡村建设之中，以乡情乡愁和服务基层为纽带，在平凡事业中铸造非凡，在实现人生价值中助力中华民族伟大复兴的中国梦。

“人气”是乡村建设与发展的核心之魂。在我国，乡村人才队伍并不是限制与狭义上所属乡村的本地人才资源，而是所有能在广阔乡村大地上施展才能、提供服务、贡献自我的各类农业农村人才、组织等人力资源。因而在大力培育乡村人才队伍的建设与发展中，倡议国家实行更加主动、更加积极和更加开放性的乡村人才队伍培育、发展和激励机制，即下文展开阐述的重视人才、创新用才和爱护人才三个方面。

（一）重视人才

政府要不断健全完善乡村人才工作体制机制，采取措施鼓励和支持社会各方面提供教育培训、技术支持、创业指导等服务，培养本土人才，引导城市人才下乡，推动专业人才服务乡村，促进农业农村人才队伍建设。还要求各级人民政府应当采取措施培育农业科技人才、经营管理人才、法律服务人才、社会工作人才，加强乡村文化人才队伍建设，培育乡村文化骨干力量。只有重视人才，才能培育人才、激励人才和凝聚人才，才能有效地发挥出乡村本土人才（贤人、能人、富人等）对乡村建设与发展的带头引领作用，刺激更多的农民就近就地产业、返乡就业创业，鼓励更多社会各界人才投身到乡村建设之中。如《广东省国民经济和社会发展第十四个五年规划和2035年远景目标纲要》的第十九章第四节“搭建多元共治平台”部分中，明确指出“建立完善以党建为引领、社区为平台、专业社会工作者为骨干、社会组织和志愿者为补充、基本民生保障和基

本社会服务为内容的‘一核四社’城乡社区共建共治工作机制”。

(二)创新用才

中央政府以乡村产业振兴为发展依托，要求各级人民政府完善扶持政策，加强指导服务，支持农民、返乡入乡人员在乡村创业创新，来促进乡村产业发展和农民就业。同时，采取措施支持农村集体经济组织发展，支持农民专业合作社、家庭农场和涉农企业、电子商务企业、农业专业化社会化服务组织等以多种方式的发展，以及深化供销合作社的综合改革。另外，还要求各级人民政府采取措施，加强职业教育和继续教育，组织开展农业技能培训、返乡创业就业培训和职业技能培训，培养有文化、懂技术、善经营、会管理的高素质农民和农村实用人才、创新创业带头人。让多元化的创新型用才方式来多方面、多层化地提高乡村人才队伍建设和发展，大力培育农业科技人才、农技推广人才和农村实用人才队伍，分门别类地将人才进行纵横连线，不断强化人才队伍为农服务、为农助力和为农贡献等的功能，不断构建农村专业人才队伍体系，真正地将各门各类的人才凝聚起来、发挥起来，真正地扎根基层。扎根乡村、扎根人民。

(三)爱护人才

政府倡导建立健全城乡、区域、校地之间的人才培养合作与交流的机制。如县级以上人民政府应当建立鼓励各类人才参与乡村建设的激励机制，搭建社会工作和乡村建设志愿服务平台，支持和引导各类人才通过多种方式服务乡村振兴。而乡镇人民政府和村民委员会、农村集体经济组织应当为返乡入乡人员和各类人才提供必要的生产生活服务。农村集体经济组织可以根据实际情况提供相关的福利待遇。但这些对于地方各级人民政府来说，在实际操作层面还有待提高，难以破解“留人难”的难题，不知采取何种方式手段是符合规范的，也不知如何找寻精准的人才激励因素，更不知如何把握激励的标准尺度。这一切还需要各级地方人民政府在实际操作中敢于尝试、主动探索、积累经验、总结成果，这样才能形成一套科学有效的方案以供借鉴和参考。

在中央人民政府官网上检索"人才"一词,出现相关政策文件有2500余份;检索"人才培养"一词,出现相关政策文件有890余份;检索"人才队伍"一词,出现相关政策文件有2500余份;检索"人才队伍建设"一词,出现相关政策文件有700余份;检索"乡村人才"一词,出现相关政策文件有70余份。依据高级搜索的结果,对乡村振兴中的人才振兴规范性文件进行归类梳理、整合,截止目前,共有以下15份关于乡村人才振兴的规范性文件。(见表7)

表7　乡村振兴规范性文件一览表(按最新时间排序)

序号	文件名称	发布时间	政策对应内容
1	中共中央办公厅印发《关于向重点乡村持续选派驻村第一书记和工作队的意见》	2021年5月11日	
2	《中华人民共和国乡村振兴促进法》	2021年4月29日	第三章　人才支撑
3	《中共中央　国务院关于实现巩固拓展脱贫攻坚成果同乡村振兴有效衔接的意见》	2021年3月22日	七、加强脱贫攻坚与乡村振兴政策有效衔接 (二十)做好人才智力支持政策衔接
4	中共中央办公厅　国务院办公厅印发《关于加快推进乡村人才振兴的意见》	2021年2月23日	
5	《中共中央　国务院关于全面推进乡村振兴加快农业农村现代化的意见》	2021年2月21日	五、加强党对"三农"工作的全面领导 (二十二)强化五级书记抓乡村振兴的工作机制

续表

序号	文件名称	发布时间	政策对应内容
6	中共中央办公厅 国务院办公厅印发《关于加强和改进乡村治理的指导意见》	2019年6月23日	二、主要任务 (一)完善村党组织领导乡村治理的体制机制 (二)发挥党员在乡村治理中的先锋模范作用 (十六)支持多方主体参与乡村治理
7	中共中央办公厅 国务院办公厅印发《数字乡村发展战略纲要》	2019年5月16日	三、重点任务 (八)激发乡村振兴内生动力 四、保障措施 (四)强化人才支撑
8	《中共中央 国务院关于坚持农业农村优先发展做好“三农”工作的若干意见》	2019年2月19日	八、加强党对“三农”工作的领导，落实农业农村优先发展总方针 (三)培养懂农业、爱农村、爱农民的“三农”工作队伍
9	中共中央 国务院印发《乡村振兴战略规划(2018—2022年)》	2018年9月26日	第十篇 完善城乡融合发展政策体系 第三十二章　强化乡村振兴人才支撑
10	《中共中央 国务院关于实施乡村振兴战略的意见》	2018年2月4日	十、汇聚全社会力量，强化乡村振兴人才支撑 (一)大力培育新型职业农民 (二)加强农村专业人才队伍建设 (三)发挥科技人才支撑作用 (四)鼓励社会各界投身乡村建设 (五)创新乡村人才培育引进使用机制。

续表

序号	文件名称	发布时间	政策对应内容
11	中共中央办公厅 国务院办公厅印发《关于加快构建政策体系培育新型农业经营主体的意见》	2017 年 5 月 31 日	二、发挥政策对新型农业经营主体发展的引导作用
12	中共中央办公厅 国务院办公厅印发《关于加强乡镇政府服务能力建设的意见》	2017 年 2 月 20 日	四、创新乡镇公共服务供给方式 (十一)建立公共服务多元供给机制
13	中共中央办公厅 国务院办公厅印发《关于进一步引导和鼓励高校毕业生到基层工作的意见》	2017 年 1 月 24 日	二、多渠道开发基层岗位,为高校毕业生到基层工作搭建平台
14	中共中央办公厅、国务院办公厅印发《关于深入推进农村社区建设试点工作的指导意见》	2015 年 5 月 31 日	三、工作任务 (三)畅通多元主体参与农村社区建设渠道 四、工作要求 (四)强化人才支撑
15	《中共中央 国务院关于加快发展现代农业进一步增强农村发展活力的若干意见》	2013 年 1 月 31 日	三、创新农业生产经营体制,稳步提高农民组织化程度 3、大力支持发展多种形式的新型农民合作组织

二、深入推广“一村一品、一乡一业”的特色工作

习近平总书记曾多次指出要因地制宜地发展农业现代化,发展“一村一品、多村一品、一乡一业、一县一业”等优势主导产业。

以广东为例,广东高质量发展所面临的最大短板便是城乡区域之间的发展不平衡问题。长期以来,珠三角地区经济发展快速且发达,对粤东西北地区的虹吸效应作用显著,不仅多种资源要素从粤东西北地区的各个方位流入到珠三角地区,也由此造成区域之间的差距不断拉大,甚至悬殊。为摆脱当前非良性发展的困境,探索地将发展的“短板”转化为“潜力板”,广东深入实施乡村振兴战略,并将“一村一品、一镇一业”纳入

全省经济社会发展大局之中，统筹规划、强化引导，与其他各项重点工作融合发展。广东发展“一村一品、一镇一业”的工作已有20多年。然而，站在新时代背景之下，广东走出了新探索新策略新路径。2018年，广东省乡村振兴工作会议明确指出要大力发展富民兴村产业，以增加农民收入为目标，以“一村一品、一镇一业”为抓手发展乡村特色产业。2019年4月，经广东省人民政府同意，印发了《广东省农业农村厅“一村一品、一镇一业”工作方案》来深入推进广东的产业振兴发展。广东明确地将现代农业产业园和“一村一品、一镇一业”生动地比喻为“龙头和龙尾”，前者指的是立足于县一级的主导产业发展，而后者则是以镇为核心，以村为基础，点线成面式地形成以主导农业产业为纽带的专业镇，也称之为产业园建设和发展的核心基础，从而构建“跨县集群、一县一园、一镇一业、一村一品”的现代农业产业体系。在政府的大力引导和支持下，广东省“一村一品、一镇一业”项目重点对2200余个省定贫困村和扶贫开发帮扶对象发展生产，扶持新型经营主体，制定乡村规范性、规模化生产或产品标准，以多种形式带动本地农户参与进来，保障每年稳定的经济效益、社会效益。

由此可见，广东乡村“一村一品”的建设经验是值得学习的，其发挥本地优势发展乡村特色产业的目光是宽广的。

其一，在于省委省政府等高位推动和强力推动建设。广东省委、省政府进行高位部署，贯彻落实习近平总书记的重要论述精神，坚持以产业化的理念来谋划、用差异化的理念来推动、用全域化的理念来部署乡村发展。同时，“一村一品、一镇一业”建设还要走组织化发展之路、品牌发展之路、产业融合之路、绿色发展之路、产业园带动发展之路，这就意味着广东不是单一地主打大规模的优势作物生产，而是因地制宜、因势利导，关注村庄自身的种植生产历史、土地气候差异等，发展不同形式的多种耕作方式，发展乡村特色产业，引导乡村优势特色产业做大做强，区域特色产业做精做优，渐而推动形成有一定区域特色的“一村一品、一镇一业”。

其二，在于配套扶持的建设广度和建设力度跟得上、给得通、补得齐。广东在投入“一村一品、一镇一业”建设上不断加码，建设资金实现从2018年的4.4亿元、扶持360个村发展农业特色产业，提高到2019年至2021年每年10亿元、扶持1000个村，3年共投入30亿元、扶持3000个村。覆盖面约达粤东西北及珠三角部分农业大市90个县(市、区)所有行政村(街道)数量的20%，即平均每个村获支持额度在几十万元至一百万元区间不等。

其三，在于夯实本地产业基础，以龙头产业作主导，健全龙头企业、农民合作社与农户之间的利益联结机制，构建良好发展关系，形成利益共同体，凝聚融合发展的整体产业链。广东充分发挥本地优势，借助特色产业资源和悠久历史文化内涵为发展依托，发挥本地龙头企业的示范引领作用，有机结合、各有侧重，持续为乡村建设与发展注入活水和动力，鼓励有条件的村、有条件的镇先行先试、果断出手、做大做强。

由此可见，国家及各级地方人民政府尊重市场发展规律和产业发展规律，以县级、镇街、村(居)等为基本单元来规划、因地制宜地发展乡村多样性特色农业，如推广倡导“一村一品”“一县一业”项目，积极发展果菜茶、食用菌、杂粮杂豆、薯类、中药材、特色养殖、林特花卉苗木等产业，借以特色种养业提升行动、完善全产业链的支持措施、支持培育绿色食品、有机农产品、地理标志农产品、区域品牌、发展现代农业产业园、科技园和产业融合发展、健全特色农产品质量标准体系、培育家庭工场、手工作坊、乡村车间以及支持农产品流通企业、电商、批发市场等与区域特色产业精准对接等形式推动建设与发展。同时，支持乡村特色产业发展壮大，注重产业后续长期培育，建设特色农产品优势区。做大做强乡村优势特色产业，将各村地方的“土特产”“小作物”做成带动农民增收致富的“大产业”，助力产业振兴真正落在村(居)，有效推进当地的产业、经济、社会环境的建设与发展。

三、扶持乡村旅游业、农村电商等新产业新业态的发展

乡村旅游业、农村电商行业、现代食品产业、特色村镇等是当下发挥乡村传统优势，结合新型互联网发展趋势的极具活力的新产业、新业态和新模式，也是产业之间高度融合、有机融合和融合发展的新方向所在。如何将乡村特色产业、旅游业和电商行业等不同业态之间完全融合，形成“你中有我、我中有你”的发展共同体，这自然也有建设和发展的奥秘。

首先，国家要制定专项政策，鼓励和支持农村新产业新业态的发展。如采取措施加强农业科技创新，培育创新主体，构建以企业为主体、产学研协同的创新机制，强化高等学校、科研机构、农业企业创新能力，建立创新平台，加强新品种、新技术、新装备、新产品研发，加强农业知识产权保护，推进生物种业、智慧农业、设施农业、农产品加工、绿色农业投入品等领域创新，建设现代农业产业技术体系，推动农业农村创新驱动发展。

其次，国家还要制定专项政策，引导和丰富农村产业融合发展的内涵与外延。实际上，产业在交融之后是难以分清具体哪些是农业、哪些是工业，还有哪些是服务业，它们彼此之间共融互通、促进发展。因而，用乡村发展共同体来描述乡村产业之间相互依托、相互促进和相互发展是匹配度极高的。如2017年2月，中共中央国务院印发了《关于深入推进农业供给侧结构性改革 加快培育农业农村发展新动能的若干意见》，其中第三部分的壮大新产业新业态，拓展农业产业链价值链就有许多明确的指示，为更明确意见内容，特将具体内容摘取出来以供学习，详见如表8。

表8 《中共中央 国务院关于深入推进农业供给侧结构性改革加快培育农业农村发展新动能的若干意见》第三部分关于新产业、新业态的具体内容

政策文件	《中共中央 国务院关于深入推进农业供给侧结构性改革 加快培育农业农村发展新动能的若干意见》
对应部分	壮大新产业新业态，拓展农业产业链价值链
具体内容	(一)大力发展乡村休闲旅游产业。充分发挥乡村各类物质与非物质资源富集的独特优势，利用“旅游＋”、“生态＋”等模式，推进农业、林业与旅游、教育、文化、康养等产业深度融合。丰富乡村旅游业态和产品，打造各类主题乡村旅游目的地和精品线路，发展富有乡村特色的民宿和养生养老基地。鼓励农村集体经济组织创办乡村旅游合作社，或与社会资本联办乡村旅游企业。多渠道筹集建设资金，大力改善休闲农业、乡村旅游、森林康养公共服务设施条件，在重点村优先实现宽带全覆盖。完善休闲农业、乡村旅游行业标准，建立健全食品安全、消防安全、环境保护等监管规范。支持传统村落保护，维护少数民族特色村寨整体风貌，有条件的地区实行连片保护和适度开发。 (二)推进农村电商发展。促进新型农业经营主体、加工流通企业与电商企业全面对接融合，推动线上线下互动发展。加快建立健全适应农产品电商发展的标准体系。支持农产品电商平台和乡村电商服务站点建设。推动商贸、供销、邮政、电商互联互通，加强从村到乡镇的物流体系建设，实施快递下乡工程。深入实施电子商务进农村综合示范。鼓励地方规范发展电商产业园，聚集品牌推广、物流集散、人才培养、技术支持、质量安全等功能服务。全面实施信息进村入户工程，开展整省推进示范。完善全国农产品流通骨干网络，加快构建公益性农产品市场体系，加强农产品产地预冷等冷链物流基础设施网络建设，完善鲜活农产品直供直销体系。推进“互联网＋”现代农业行动。 (三)加快发展现代食品产业。引导加工企业向主产区、优势产区、产业园区集中，在优势农产品产地打造食品加工产业集群。加大食品加工业技术改造支持力度，开发拥有自主知识产权的生产加工设备。鼓励食品企业设立研发机构，围绕“原字号”开发市场适销对路的新产品。实施主食加工业提升行动，积极推进传统主食工业化、规模化生产，大力发展方便食品、休闲食品、速冻食品、马铃薯主食产品。加强新食品原料、药食同源食品开发和应用。大力推广“生产基地＋中央厨房＋餐饮门店”、“生产基地＋加工企业＋商超销售”等产销模式。加强现代生物和营养强化技术研究，挖掘开发具有保健功能的食品。健全保健食品、特殊医学用途食品、婴幼儿配方乳粉注册备案制度。完善农产品产地初加工补助政策。

续表

政策文件	《中共中央 国务院关于深入推进农业供给侧结构性改革 加快培育农业农村发展新动能的若干意见》
对应部分	壮大新产业新业态，拓展农业产业链价值链
具体内容	（四）培育宜居宜业特色村镇。围绕有基础、有特色、有潜力的产业，建设一批农业文化旅游"三位一体"、生产生活生态同步改善、一产二产三产深度融合的特色村镇。支持各地加强特色村镇产业支撑、基础设施、公共服务、环境风貌等建设。打造"一村一品"升级版，发展各具特色的专业村。支持有条件的乡村建设以农民合作社为主要载体、让农民充分参与和受益，集循环农业、创意农业、农事体验于一体的田园综合体，通过农业综合开发、农村综合改革转移支付等渠道开展试点示范。深入实施农村产业融合发展试点示范工程，支持建设一批农村产业融合发展示范园。

国家及各级地方政府出台相关政策法规为乡村发展、壮大新产业、新业态和新模式提供支持保障，形成常态化、长效化的帮扶机制体制。一则有效地鼓励、支持和引导有基础、有特色、有潜力的地方发展乡村特色产业，建设各具特色的专业村，积极推进"一村一品、一县一业"。二则多渠道筹集建设资金，通过产业建设与发展，创造更多的就业机会，不仅推动更多村民就近就地就业，实现"在家门口就业"。也能推动乡村开展诸如品种培优、品质提升、品牌打造和标准化生产等工作，进一步提高农业生产质量、经济效益和产品竞争力等，推动农产品从田头到餐桌、从初级产品向体验消费、从自然生态向旅游观赏等的无缝衔接。还有助于改善诸如休闲农业、乡村旅游、为老康养等乡村公共服务设施设备。三则挖掘和拓展农业现代化的更多可能，通过旅游观光、休闲养生、社会实践、农耕文化教育等方式建设和发展诸如农家乐、采摘园、开心农场等体验式项目，推进农业与旅游、教育、文化、健康、养老等产业的深度融合。四则有效推动生产、经营、品牌建设多管齐下、深入推进农业经济文化多位一体发展，生产生活生态同步改善，乡村一二三产业深度融合发展，构建具有乡村特色的产业链、价值链。五则鼓励先创设一批试点示范村落，以乡村产业融合发展、特色产业发

展试点示范村(区)为先行先试,树立榜样作用,引导更多地方、更多村落参与到乡村建设与发展的新尝试、新业态和新发展中来,让更多的村落以及村民可以充分通过地租、薪金、分红等方式共享乡村建设与发展的红利,更加有信心地成为主动参与产业建设的内生动力,从而为实现乡村全面振兴和高质量发展提供强大的内源式支持和内生性动力。

第三节　乡村特色产业的发展展望

深入贯彻习近平总书记关于“三农”工作的重要论述,紧跟党中央、国务院决策部署,第一是做大做强现代农业的根基,紧紧围绕农村一二三产业融合发展,加快构建乡村产业体系,大力推进乡村产业高质量发展。第二是立足资源本土优势打造主导产业,大力推进乡村特色产业发展。同时,大力发展依托农业农村资源的第二、三产业。第三是发挥和利用起乡村村民的主体作用,不仅把农业产业链延伸的增值收益和就地就业创业的机会留给农民,还要引导返乡下乡人员和工商资本等多元主体积极参与乡村产业发展,助力乡村产业振兴不断取得新成效。

2021 年,中央一号文件指出要实现巩固拓展脱贫攻坚成果同乡村振兴有效衔接,设立五年的衔接过渡期,逐步实现由集中资源支持脱贫攻坚向全面推进乡村振兴平稳过渡,推动“三农”工作重心历史性转移。我们要与国家发展战略肩并肩、攻坚克难,进一步巩固脱贫攻坚伟大成果,以更加扎实的步调发展,推动当下的乡村建设与发展同乡村振兴有效衔接,稳步推进农业供给侧结构性改革,全面助力乡村振兴。2021 年 2 月,原先的“国务院扶贫开发领导小组办公室”光荣地退出历史舞台,国家乡村振兴局正式挂牌。这不仅标志着我国脱贫攻坚取得了全面胜利,也标志着我国站在了全面推进乡村振兴的起点线上。

一、让农民群众当主角，自己干、集体干、实实在在干

乡村振兴，关键在人。国家及各级人民政府秉持以农民为主体的原则，创新农村建设与发展人才队伍的概念，丰富大学生、技术人才、管理精英等的内涵。如2015年，浙江省农业厅首创“农创客”概念，采用直接补助、项目扶持、贷款贴息、担保补贴、以奖代补等方式，鼓励农创客主动、积极地承担综合性、融合性项目。农创客指的是年龄在45周岁以下，拥有高校大专及以上学历，在农业领域创业创新，担任农民专业合作社、农业企业、家庭农场等农业生产经营主体负责人或拥有股权的人员，具有学历高、思维新、创业创新能力强的基本特点。截止2018年6月，统计数据显示浙江省的农创客群体已超过1700人，90％的成员是80后、90后，本科及以上学历占56％，且不乏名校毕业生、名企高管。纯粹的“农二代”仅占28％。且目标要在2020年建立起一支3000人左右、涵盖农业主要产业、创新引领作用突出的农创客队伍，并构建起框架完整、措施精准、机制有效的农创客政策支持体系。浙江省的农创客群体不仅为乡村的建设与发展注入了鲜活的生命力，推动现代乡村“离城不脱城”；也借助于人才的因素，一定程度上影响和改变农村传统的生产方式，带动农民学习新鲜事物和接受新能量，也让更多的农民分享到第二产业、第三产业带来的利润收益，一同走上增收致富之路。

另外，乡村建设与发展的核心主体力量还有家庭农场、合作社以及农民参与入股的龙头企业等。农村合作社最初产生于20世纪50年代初，是为实行社会主义公有制改造，在自然乡村范围内，由将其各自所有的生产资料（土地、较大型农具、耕畜）投入集体所有，由农民进行集体劳动，各尽所能，按劳分配的农业社会主义经济组织。正如《关于深入推进农业供给侧结构性改革 加快培育农业农村发展新动能的若干意见》所强调的“支持有条件的乡村建设以农民合作社为主要载体、让农民充分参

与和受益”。为适应我国特色社会主义初级阶段的发展所趋，农村集体经济组织发挥着重要作用。虽然它既不同于社会团体，也不同于行政机关，但因其自有独特的政治性质和法律性质，也决定了其功能内容等方向所在。如美国，它将合作组织视为农村经济发展的关键组成部分，将合作社看作是农户与市场沟通之间的重要渠道。即美国首先促进农业产业链横纵双向融合。发挥农业合作社的作用，为广大农民、农业产业提供销售和加工服务、供应服务、信贷服务等，搭建了完整的产业链条，从而降低了生产的成本。同时，农业合作社、农业综合企业等的联合加速了美国乡村一二三产业之间的融合，也兴起了生物农业、数字农业、旅游农业等行业的发展。其次是依托相关服务组织实施农业政策，借助农业合作组织以较低的成本向农民和农村居民提供一些农业产业项目，来帮助一些发展相对滞后的社区提高获取项目的机会。

而我国一家一户的小农耕作和发展模式早就难以适应当下的潮流趋势，且党的十九大报告就明确指出，要“深化农村集体产权制度改革”以“壮大集体经济”。发展壮大集体经济是增加农民收入、保障农民财产权益的重要途径和手段。而合作社则是在国家政策推动下带领农民群众更好凝聚起来且最为有效的组织形式，如需要资金支持，合作社便能发挥筹集互助的作用，需要土地规模化种植时，合作社的作用就更大了，无形中也培育了新产业、新业态、新模式和新型农业经营主体。只有家家户户“心往一处想，劲往一处使，苦干、实干、加油干”，勇往直前，实现家庭小农户和现代农业发展不脱离、不脱钩和有机衔接，发挥适应现代农业发展需要的新农民、新主体作用，一同助力于创造前所未有的乡村建设与发展的伟大奇迹。

二、发挥本地传统优势与现代信息技术相融合

强化创新驱动，引导农业现代化加快发展。为适应农业产业结构化改革新要求，调整农业创新建设与发展方向，全社会要充分关注农村的

农业本土价值、生态价值、文化价值、旅游价值以及经济价值，除了保有乡村的农业生产性功能以外，还要创新诸如生态保护、旅游休闲、观光农业等综合性的发展手段，有效推动乡村的可持续发展。国家政府不断推动政策发展，完善农业科技创新体系和现代农业产业技术体系，鼓励、支持地方开展特色优势产业技术的研发和研究，积极探索政府购买服务等方式，链接和支持各类社会力量广泛参与乡村建设与发展中来。各地政府也在积极实践、推行政府购买服务等方式，引入项目制的管理形式，创新公益性推广服务方式，推行相关现代青年农场主、林场主培养计划和新型农业经营主体带头人轮训等计划。普通高等学校、职业院校也为推动现代农业发展贡献自己的一份融合力量，解放思想、实事求是、与时俱进，站在农业发展的新理念新思想新路径之上，因势利导地开设农村社会工作、农村社会学、乡村规划建设、乡村住宅设计等相关专业和课程，还鼓励更多高等学校创设农业经济、农业技术推广硕士博士等办学点，培养一批专业人才、发展一批攻坚力量、扶持一批乡村工匠，来源源不断地为乡村建设与发展输送新鲜且充满活力的现代专业技术力量。

近年来，我国农业实现了与其他产业高位嫁接、跨界融合，越过了原先产业、区域和城乡之间的诸多边界，整体呈现出“农业＋”多业态的融合发展趋势，如“种植＋”林牧渔业形成循环型农业；“农业＋”加工流通业形成延伸型农业；“农业＋”文化、教育、旅游、康养等产业形成体验型农业；“农业＋”信息产业形成智慧型农业。农业产业的融合发展不仅是糅合了多种业态的发展形式，更汇聚了多种生产发展手段，让乡村发展有了新动能。同时也让越来越多的人发现了乡村“慢生活”的美妙，也慢慢衍生出“离城不远不近、房子不高不低、日子不紧不慢”的品质化生活。“融合”二字在乡村的建设与发展中的作用并不限于此，它还延伸了农村农业资源的丰富内涵，拓展了产业融合功能，如推动农业与旅游、康养、绿色生活、有机食品、文教等产业融合，形成了创意农业、有机农场、民宿文创、康养农业等行业，有效地促进了以产业带动就业、以就业带动创业、就业创业融合发展产业，实现产业在乡、发家在村、致富在家。

三、推动乡村特色产业形成规范有序的市场经营化模式

构建“生产—经营—销售—消费”是规范有效、畅通顺畅的产业生产模式体系。以订单式的农业生产模式、多样化的农产品分销模式以及互惠共赢的农业合作模式为例，如广东珠海的绿手指份额农园就是运作订单式的农业生产发展模式。三位青年自主创业，辗转反侧最终选择了珠海平沙作为发展基地，通过有机种植、养殖、有机餐厅的方式运作，长期稳定着珠海乃至广东省内外的几万名消费者，以订单式生产、集中分装和邮寄销售农产品等方式，明确农产品收购的品种、数量、质量和价格。这不仅有助于提高生产效益，规避了一定的生产经营风险，同时也回归土地，创造了100余个就业岗位，吸引了200多名返乡青年和有机业者在乡村就业创业，共同集中精力搞好生产、搞好发展、助力乡村振兴。又如荷兰的农产品分销模式，主要包括了拍卖、集体议价和集中采购三种方式。其中，荷兰的鲜花产品主要通过拍卖实现一定的分销。蔬菜谷物等农产品则是通过农业合作社与经销商等直接议价达成销售合约。一些大型乳制品企业直接从所属农场进行内部采购。虽然荷兰的行业分销组织数量不多但颇具规模，也在一定程度上提高了农产品的流通效率。而互惠共赢的农业合作模式则是借助所建立的农业生产、销售、农机、加工、保险、金融等民间组织来为农户的农业生产提供一定的社会化服务。如浙江省将农村一二三产业融合作为发展的根本路径，延伸农业产业链，积极培育乡村经济新增长点，提高农业的附加值，实现带动村民持续增收增富。农村产业融合的建设与发展不只是国家政府部门或当地村委群众自治组织一方出力，而是涉及了多个部门、多个产业、多元主体，不能一概而论，而是要将产业融合发展放之于乡村振兴的大格局中去统筹、去谋划、去完善！

参考文献

[1]袁建伟等.乡村振兴战略下的产业发展与机制创新研究[M].杭州:浙江工商大学出版社,2020.
[2]邢孟军.走在前列的全国美丽乡村样板村滕头村[M].北京:红旗出版社,2019.
[3]邬德林.农业技术创新对农民收入分布的影响研究—基于粮食主产区的实证[M].哈尔滨:黑龙江大学出版社,2018.
[4]唐德荣.休闲农业与乡村旅游实务[M].北京:中国农业出版社,2018.
[5]乌日图.中国农村的现状与未来[M].延边:延边大学出版社,2017.
[6]高焕喜.打造山东农业发展新的增长点—山东省农业专家顾问团2014年重点调研专题之二[M].济南:山东科学技术出版社,2015.
[7]费孝通.乡土中国[M].北京:北京大学出版社,2012.

附录

《乡村振兴战略规划(2018—2022年)》(节选)

第四篇 加快农业现代化步伐

坚持质量兴农、品牌强农,深化农业供给侧结构性改革,构建现代农业产业体系、生产体系、经营体系,推动农业发展质量变革、效率变革、动力变革,持续提高农业创新力、竞争力和全要素生产率。

第十一章 夯实农业生产能力基础

深入实施藏粮于地、藏粮于技战略,提高农业综合生产能力,保障国家粮食安全和重要农产品有效供给,把中国人的饭碗牢牢端在自己手中。

第一节 健全粮食安全保障机制

坚持以我为主、立足国内、确保产能、适度进口、科技支撑的国家粮食安全战略,建立全方位的粮食安全保障机制。按照"确保谷物基本自给、口粮绝对安全"的要求,持续巩固和提升粮食生产能力。深化中央储备粮管理体制改革,科学确定储备规模,强化中央储备粮监督管理,推进中央、地方两级储备协同运作。鼓励加工流通企业、新型经营主体开展自主储粮和经营。全面落实粮食安全省长责任制,完善监督考核机制。强化粮食质量安全保障。加快完善粮食现代物流体系,构建安全高效、一体化运作的粮食物流网络。

第二节 加强耕地保护和建设

严守耕地红线,全面落实永久基本农田特殊保护制度,完成永久基本农田控制线划定工作，确保到2020年永久基本农田保护面积不低于15.46亿亩。大规模推进高标准农田建设，确保到2022年建成10亿亩高标准农田，所有高标准农田实现统一上图入库，形成完善的管护监督和考核机制。加快将粮食生产功能区和重要农产品生产保护区细化落实到具体地块，实现精准化管理。加强农田水利基础设施建设，实施耕地质量保护和提升行动，到2022年农田有效灌溉面积达到10.4亿亩，耕地质量平均提升0.5个等级(别)以上。

第三节 提升农业装备和信息化水平

推进我国农机装备和农业机械化转型升级，加快高端农机装备和丘陵山区、果菜茶生产、畜禽水产养殖等农机装备的生产研发、推广应用，提升渔业船舶装备水平。促进农机农艺融合，积极推进作物品种、栽培技术和机械装备集成配套，加快主要作物生产全程机械化，提高农机装备智能化水平。加强农业信息化建设，积极推进信息进村入户，鼓励互联网企业建立产销衔接的农业服务平台，加强农业信息监测预警和发布，提高农业综合信息服务水平。大力发展数字农业，实施智慧农业工程和“互联网+”现代农业行动，鼓励对农业生产进行数字化改造，加强农业遥感、物联网应用，提高农业精准化水平。发展智慧气象，提升气象为农服务能力。

第十二章 加快农业转型升级

按照建设现代化经济体系的要求，加快农业结构调整步伐，着力推动农业由增产导向转向提质导向，提高农业供给体系的整体质量和效率，加快实现由农业大国向农业强国转变。

第一节 优化农业生产力布局

以全国主体功能区划确定的农产品主产区为主体，立足各地农业资源禀赋和比较优势，构建优势区域布局和专业化生产格局，打造农业优化发展区和农业现代化先行区。东北地区重点提升粮食生产能力，依托"大粮仓"打造粮肉奶综合供应基地。华北地区着力稳定粮油和蔬菜、畜产品生产保障能力，发展节水型农业。长江中下游地区切实稳定粮油生产能力，优化水网地带生猪养殖布局，大力发展名优水产品生产。华南地区加快发展现代畜禽水产和特色园艺产品，发展具有出口优势的水产品养殖。西北、西南地区和北方农牧交错区加快调整产品结构，限制资源消耗大的产业规模，壮大区域特色产业。青海、西藏等生态脆弱区域坚持保护优先、限制开发，发展高原特色农牧业。

第二节　推进农业结构调整

加快发展粮经饲统筹、种养加一体、农牧渔结合的现代农业，促进农业结构不断优化升级。统筹调整种植业生产结构，稳定水稻、小麦生产，有序调减非优势区籽粒玉米，进一步扩大大豆生产规模，巩固主产区棉油糖胶生产，确保一定的自给水平。大力发展优质饲料牧草，合理利用退耕地、南方草山草坡和冬闲田拓展饲草发展空间。推进畜牧业区域布局调整，合理布局规模化养殖场，大力发展种养结合循环农业，促进养殖废弃物就近资源化利用。优化畜牧业生产结构，大力发展草食畜牧业，做大做强民族奶业。加强渔港经济区建设，推进渔港渔区振兴。合理确定内陆水域养殖规模，发展集约化、工厂化水产养殖和深远海养殖，降低江河湖泊和近海渔业捕捞强度，规范有序发展远洋渔业。

第三节　壮大特色优势产业

以各地资源禀赋和独特的历史文化为基础，有序开发优势特色资源，做大做强优势特色产业。创建特色鲜明、优势集聚、市场竞争力强的特色农产品优势区，支持特色农产品优势区建设标准化生产基地、加工基地、仓储物流基地，完善科技支撑体系、品牌与市场营销体系、质量控制体系，建立利益联结紧密的建设运行机制，形成特色农业产业集群。按照与国际标准接轨的目标，支持建立生产精细化管理与产品品质控制体系，采用国际通行的良好农业规范，塑造现代顶级农产品品牌。实施产业兴村强县行动，培育农业产业强镇，打造一乡一业、一村一品的发展格局。

第四节　保障农产品质量安全

实施食品安全战略，加快完善农产品质量和食品安全标准、监管体系，加快建立农产品质量分级及产地准出、市场准入制度。完善农兽药残留限量标准体系，推进农产品生产投入品使用规范化。建立健全农产品质量安全风险评估、监测预警和应急处置机制。实施动植物保护能力提升工程，实现全国动植物检疫防疫联防联控。完善农产品认证体系和农产品质量安全监管追溯系统，着力提高基层监管能力。落实生产经营者主体责任，强化农产品生产经营者的质量安全意识。建立农资和农产品生产企业信用信息系统，对失信市场主体开展联合惩戒。

第五节　培育提升农业品牌

实施农业品牌提升行动，加快形成以区域公用品牌、企业品牌、大宗农产品品牌、特色农产品品牌为核心的农业品牌格局。推进区域农产品公共品牌建设，擦亮老品牌，塑强新品牌，引入现代要素改造提升传统名优品牌，努力打造一批国际知名的农业品牌和国际品牌展会。做好品牌宣传推介，借助农产品博览会、展销会等渠道，充分利用电商、“互联网＋”等新兴手段，加强品牌市场营销。加强农产品商标及地理标志商标的注册和保护，构建我国农产品品牌保护体系，打击各种冒用、滥用公用品牌行为，建立区域公用品牌的授权使用机制以及品牌危机预警、风险规避和紧急事件应对机制。

第六节　构建农业对外开放新格局

建立健全农产品贸易政策体系。实施特色优势农产品出口提升行动，扩大高附加值农产品出口。积极参与全球粮农治理。加强与“一带一路”沿线国家合作，积极支持有条件的农业企业走出去。建立农业对外合作公共信息服务平台和信用评价体系。放宽农业外资准入，促进引资引技引智相结合。

第十三章　建立现代农业经营体系

坚持家庭经营在农业中的基础性地位，构建家庭经营、集体经营、合作经营、企业经营等共同发展的新型农业经营体系，发展多种形式适度规模经营，发展壮大农村集体经济，提高农业的集约化、专业化、组织化、社会化水平，有效带动小农户发展。

第一节　巩固和完善农村基本经营制度

落实农村土地承包关系稳定并长久不变政策，衔接落实好第二轮土地承包到期后再延长30年的政策，让农民吃上长效“定心丸”。全面完成土地承包经营权确权登记颁证工作，完善农村承包地“三权分置”制度，在依法保护集体所有权和农户承包权前提下，平等保护土地经营权。建立农村产权交易平台，加强土地经营权流转和规模经营的管理服务。加强农用地用途管制。完善集体林权制度，引导规范有序流转，鼓励发展家庭林场、股份合作林场。发展壮大农垦国有农业经济，培育一批具有国际竞争力的农垦企业集团。

第二节　壮大新型农业经营主体

实施新型农业经营主体培育工程，鼓励通过多种形式开展适度规模经营。培育发展家庭农场，提升农民专业合作社规范化水平，鼓励发展农民专业合作社联合社。不断壮大农林产业化龙头企业，鼓励建立现代企业制度。鼓励工商资本到农村投资适合产业化、规模化经营的农业项目，提供区域性、系统性解决方案，与当地农户形成互惠共赢的产业共同体。加快建立新型经营主体支持政策体系和信用评价体系，落实财政、税收、土地、信贷、保险等支持政策，扩大新型经营主体承担涉农项目规模。

第三节 发展新型农村集体经济

深入推进农村集体产权制度改革，推动资源变资产、资金变股金、农民变股东，发展多种形式的股份合作。完善农民对集体资产股份的占有、收益、有偿退出及抵押、担保、继承等权能和管理办法。研究制定农村集体经济组织法，充实农村集体产权权能。鼓励经济实力强的农村集体组织辐射带动周边村庄共同发展。发挥村党组织对集体经济组织的领导核心作用，防止内部少数人控制和外部资本侵占集体资产。

第四节 促进小农户生产和现代农业发展有机衔接

改善小农户生产设施条件，提高个体农户抵御自然风险能力。发展多样化的联合与合作，提升小农户组织化程度。鼓励新型经营主体与小农户建立契约型、股权型利益联结机制，带动小农户专业化生产，提高小农户自我发展能力。健全农业社会化服务体系，大力培育新型服务主体，加快发展"一站式"农业生产性服务业。加强工商企业租赁农户承包地的用途监管和风险防范，健全资格审查、项目审核、风险保障金制度，维护小农户权益。

第十四章 强化农业科技支撑

深入实施创新驱动发展战略，加快农业科技进步，提高农业科技自主创新水平、成果转化水平，为农业发展拓展新空间、增添新动能，引领支撑农业转型升级和提质增效。

第一节 提升农业科技创新水平

培育符合现代农业发展要求的创新主体，建立健全各类创新主体协调互动和创新要素高效配置的国家农业科技创新体系。强化农业基础研究，实现前瞻性基础研究和原创性重大成果突破。加强种业创新、现代食品、农机装备、农业污染防治、农村环境整治等方面的科研工作。深化农业科技体制改革，改进科研项目评审、人才评价和机构评估工作，建立差别化评价制度。深入实施现代种业提升工程,开展良种重大科研联合攻关,培育具有国际竞争力的种业龙头企业,推动建设种业科技强国。

第二节　打造农业科技创新平台基地

建设国家农业高新技术产业示范区、国家农业科技园区、省级农业科技园区,吸引更多的农业高新技术企业到科技园区落户,培育国际领先的农业高新技术企业,形成具有国际竞争力的农业高新技术产业。新建一批科技创新联盟,支持农业高新技术企业建立高水平研发机构。利用现有资源建设农业领域国家技术创新中心,加强重大共性关键技术和产品研发与应用示范。建设农业科技资源开放共享与服务平台,充分发挥重要公共科技资源优势,推动面向科技界开放共享,整合和完善科技资源共享服务平台。

第三节　加快农业科技成果转化应用

鼓励高校、科研院所建立一批专业化的技术转移机构和面向企业的技术服务网络,通过研发合作、技术转让、技术许可、作价投资等多种形式,实现科技成果市场价值。健全省市县三级科技成果转化工作网络,支持地方大力发展技术交易市场。面向绿色兴农重大需求,加大绿色技术供给,加强集成应用和示范推广。健全基层农业技术推广体系,创新公益性农技推广服务方式,支持各类社会力量参与农技推广,全面实施农技推广服务特聘计划,加强农业重大技术协同推广。健全农业科技领域分配政策,落实科研成果转化及农业科技创新激励相关政策。

第十五章　完善农业支持保护制度

以提升农业质量效益和竞争力为目标,强化绿色生态导向,创新完善政策工具和手段,加快建立新型农业支持保护政策体系。

第一节　加大支农投入力度

建立健全国家农业投入增长机制,政府固定资产投资继续向农业倾斜,优化投入结构,实施一批打基础、管长远、影响全局的重大工程,加快改变农业基础设施薄弱状况。建立以绿色生态为导向的农业补贴制度,提高农业补贴政策的指向性和精准性。落实和完善对农民直接补贴制度。完善粮食主产区利益补偿机制。继续支持粮改饲、粮豆轮作和畜禽水产标准化健康养殖,改革完善渔业油价补贴政策。完善农机购置补贴政策,鼓励对绿色农业发展机具、高性能机具以及保证粮食等主要农产品生产机具实行敞开补贴。

第二节　深化重要农产品收储制度改革

深化玉米收储制度改革,完善市场化收购加补贴机制。合理制定大豆补贴政策。完善稻谷、小麦最低收购价政策,增强政策灵活性和弹性,合理调整最低收购价水平,加快建立健全支持保护政策。深化国有粮食企业改革,培育壮大骨干粮食企业,引导多元市场主体入市收购,防止出现卖粮难。深化棉花目标价格改革,研究完善食糖(糖料)、油料支持政策,促进价格合理形成,激发企业活力,提高国内产业竞争力。

第三节　提高农业风险保障能力

完善农业保险政策体系,设计多层次、可选择、不同保障水平的保险产品。积极开发适应新型农业经营主体需求的保险品种,探索开展水稻、小麦、玉米三大主粮作物完全成本保险和收入保险试点,鼓励开展天气指数保险、价格指数保险、贷款保证保险等试点。健全农业保险大灾风险分散机制。发展农产品期权期货市场,扩大"保险+期货"试点,探索"订单农业+保险+期货(权)"试点。健全国门生物安全查验机制,推进口岸动植物检疫规范化建设。强化边境管理,打击农产品走私。完善农业风险管理和预警体系。